交易破解

聽懂外匯交易

FOREX TRADING

一本書解鎖所有技巧

超越傳統觀念的策略與心理解碼

從外匯基礎入門到高階交易技巧，
讓你迅速掌握外匯交易的精髓

木欣榮 著

以淺白易懂的方式介紹外匯交易常見的專業技術，輕鬆建構完整而實用的交易體系，
提高交易的成功率；交易不只需要技巧，健康且正確的心態不可或缺

目錄

前言

很高興！和你聚在這裡，一起學習！

外匯交易，是金融市場中最令人神往的。

透明、自由、槓桿、高流動性、24 小時不間斷、充滿魅力！

這是一個公平的市場！

在這裡，如果最短時間獲得最大回報，這不是刻意對你偏愛！

在這裡，如果很長時間遭遇持續虧損，也不是刻意對你為難！

在這裡，從星期一 5：00AM 到星期六 5：00AM，從威靈頓（紐西蘭）開始，雪梨（澳洲）—— 東京（日本）—— 北京（中國）—— 香港（中國）—— 莫斯科（俄羅斯）—— 法蘭克福（德國）—— 巴黎（法國）—— 倫敦（英國）—— 蘇黎世（瑞士）—— 紐約（美國），24 小時輪迴，24 小時不同的時區，不同的國家，不同的參與者，不同的交易風格，金錢永不眠。

在這裡，你不能僅僅把外匯交易當成金融市場的頂層塔尖，更要看到這是世界經濟未來趨勢的圖表化。

這個市場反映了每一個外匯交易的參與者對於未來趨勢

的看法和他們採用不同的方式參與趨勢的程式。同時也感嘆中文「外匯」的這個譯名,這個「匯」字,真的展現了外匯交易的魅力所在。

在這裡,如果你想最短時間獲得最大的回報,外匯市場的槓桿效應可以讓你的收益成倍放大,同樣,你可能會遭遇很長時間的持續虧損。外匯交易就是考驗你對獲利的渴望和對風險的厭惡如何平衡的技術與藝術。

很多時候,外匯交易是一件見效很慢的事情。

你可能感到奇怪,有槓桿的外匯市場竟然是這樣的。我們曾經都是新手,一路走過來,看過太多人掙扎在一步步向上的階梯中,特別是當錢遇到槓桿以後,購買力 10 倍、50 倍、100 倍的倍增!當你認識到外匯交易是一件長期持續的事情時,就不會為流傳著的一夜暴富和一夜爆倉的傳說動心;當你不停地交易,一段接著一段,卻不清楚為何而交易;當你告訴自己我從虧損的交易中學到很多東西,感悟到很多東西!然而,帳號上的數字,冰冷殘酷地提醒,這樣的堅持是對的嗎?理想的情況是,每一天都可以感受到自己的進步。

這個情境深深地觸動了我,激勵我把在外匯市場中的經歷和學習記錄下來,也讓自己處於「學習 —— 思考 —— 交易 —— 總結」這樣的成長循環中。雷·達利奧(Raymond Dalio)說:「如果你現在不覺得一年前的自己就是一個蠢

貨，那說明你這一年都沒有學到什麼東西。」可是用虧損來學習的代價太大了！

如何建立外匯交易的底層交易框架？在外匯市場不斷發展，交易品種和交易機會不斷湧現的情況下，如何保持持續更新的交易技術和觀念？本書嘗試去解答這些問題，並且將對外匯市場的基本描述放在本書的第一章，當我們需要去尋找當初為什麼會產生外匯時，可以到第一章看看，經過時間沉澱的歷史能夠讓我們從市場的波動中抽離出來。

我們是系統交易的實踐者，書中的底層結構就是在交易中總結出的「三正系統交易體系」，透過「正人、正己、正略」三正維度去思考如何建構自己的交易系統。注意這裡的「系統交易」和「交易系統」是兩個不同的表達。在這本書中，有很多主觀的意見和見解，當時也擔心這些主觀的意見是否存在偏頗的理解，徵詢很多人的意見後發現，彙集的主觀意見才是重點之一。是的，很多時候為了不出錯，會講一些客觀的建議。

也正是因為主觀，就存在不一樣的理解，存在偏差，從一個角度或多個角度描述自己的看法和思考。我相信大家的判斷，也願意提供這些思考角度供大家參考，特別是在一群高水準的讀者面前拋磚引玉，讓這些主觀的意見和見解帶來的能量來豐富你的決策。也正是因為主觀，觀點和邏輯存在時效性和偏差性，一些觀點和內容在本書出版後將無法及時

更新，請各位讀者斧正和諒解！

判斷一個交易者是否成熟的標誌之一就是看他是否能夠接受和擁有不同角度的聲音和邏輯。

外匯交易不是一個短期的事情，利潤和虧損，誘惑和自律，系統和自由，刺激和耐心，都是成對存在的，沒有好壞對錯，只有選擇，你的結果全部來自你的選擇。外匯交易需要理性、耐心、自律、學習、持續的過程，身為一名交易者，我們首要的目標就是在市場上長期生存，讓自己處於不斷精進的狀態中，這樣的狀態並不能保證你獲利，但是當理想的機會出現時，你就能有足夠的能量去跟隨趨勢，參與其中，而不是和趨勢擦肩而過。

祝你交易順利！

外匯交易風險警示

在決定參與外匯交易以前，你應該謹慎考慮你的投資目標、經驗等級及風險承受能力。最重要的是，如無法承擔損失，請不要貿然投資。

任何外匯投資都具備相當的風險。任何涉及貨幣的交易都包含（但不限於）因政治及／或經濟因素產生變化而對匯率或貨幣流通造成巨大影響的風險。

此外，外匯交易的槓桿功能意味著一旦市場有變動，你的投資資本將受到相應的影響，盈虧均有可能。你有可能損失所有的初始投資，必須追加資金才能維持持倉頭寸。如果未能及時補款給帳號，持倉頭寸將被強制平倉，由此產生的損失必須由你自己承擔。你可以透過提前設定「止損」、「止盈」訂單來降低風險。

第 1 章
入門外匯交易

　　記得一位交易前輩說過：只要坐在 K 線圖前 5 分鐘，就會被市場催眠，忘了自己在做什麼。面對市場眾多的資訊和誘惑，很容易忘了我們在交易什麼，為什麼要交易。

　　什麼能讓我們堅守自己交易原則的基石，建立我們在市場中的錨點。我相信，外匯交易入門知識將成為我們在交易過程中遇到障礙和困難時，回過來一讀再讀的部分，提醒我們在交易什麼，如果當你有一天警覺到外匯交易中只剩下「買」和「賣」時，那麼就回來重讀一次本章的內容。

　　本章的內容恰恰是讀者首次閱讀會跳過的部分。無論是一開始去閱讀還是回過來一讀再讀，最重要的一點是錨定我們在交易什麼。

1.1 定義與作用

　　廣義的外匯定義：一國擁有的一切以外幣表示的資產。它是指貨幣在各國間的流動以及把一個國家的貨幣兌換成另一個國家的貨幣，藉以清償國際間債權、債務關係的一種專門性的經營活動。實際上就是貨幣行政當局（中央銀行、貨幣管理機構、外匯平準基金及財政部）以銀行存款、財政部庫券、長短期政府債券等形式所保有的在國際收支逆差時可以使用的債權。

　　狹義的外匯定義：以外國貨幣表示的，為各國普遍接受的，可用於國際間債權債務結算的各種支付手段。必須具備三個特點：可支付性（必須以外國貨幣表示的資產）、可獲得性（必須是在國外能夠得到補償的債權）、可兌換性（必須是可以兌換為其他支付手段的外幣資產）。

　　外匯的作用在於：

　　促進國際經濟、國際貿易的發展。

　　調劑國際資金餘缺。

　　外匯是國家國際儲備的重要組成部分，也是清償國際債務的主要支付手段。

1.2 交易歷史回顧

　　1967 年，芝加哥銀行拒絕向一位名為彌爾頓・傅利曼（Milton Friedman）的大學教授提供英鎊貸款，因為他想把這筆資金兌換成美元。傅利曼先生認為當時英鎊對美元的匯率過高，所以希望先出售英鎊，然後等英鎊貶值後，再買回英鎊來償還銀行，從而迅速賺取利潤。這家銀行拒絕提供貸款的原因是一個確立於 20 年前的《布列敦森林協定》（*Bretton Woods Agreements*），在此協定中，規定各國固定本國貨幣對美元的匯率，並將美元與黃金的比價設為 35 美元對每盎司

（1 盎司＝ 28.35 克）黃金。

從 1876 年到第一次世界大戰，為了抑制各國政府任意發行鈔票，導致通貨膨脹的加速，一直沿用著「金本位制」，以便各國將它的貨幣兌換為真正的黃金。

儘管如此，「金本位制」並未完全解決所有問題，其中主要因素為經濟週期的蕭條與蓬勃。當一個經濟體持續發展與加強，不斷增加國外的進口，直到耗盡了它的黃金儲備時，貨幣的供應減少，利率升高，導致了經濟衰退。

最終，相對的商品價格在衰退週期見底時較低。吸引其他國家從它進口，為它的經濟注入黃金直到增加貨幣供應量，進而降低利率，從而再次經濟成長。這樣的蕭條蓬勃現象持續到第一次世界大戰之前。大部分國家根據這種蕭條蓬勃模式發展，直到第一次世界大戰中斷了商業和黃金的流通。

「金本位制」在第一次世界大戰前期終於瓦解。在德國的威脅下，歐洲的主要勢力被迫進行大規模的軍事項目。當時並沒有足夠的黃金來兌換各國過度發行的貨幣。

在第二次世界大戰末期，盟軍國家認為有必要成立一個金融體系，以填補「金本位制」體系被遺棄所留下的空白。1944 年 7 月，布列敦森林體系國際貨幣管理方法誕生。根據布列敦森林協定，美元取代黃金成為可兌換世界貨幣的主要標準。此外，美元成為唯一有黃金儲備的貨幣。

　　此後 25 年左右，作為世界的儲備貨幣，美國遇到了一系列的國際收支赤字。1970 年代初，美國的黃金儲備嚴重缺乏，美國財政部沒有足夠的黃金彌補所有外國央行外匯儲備的美元。

　　1971 年 8 月 15 日，美國關閉了黃金窗口，同時向全世界宣布，它將不再為他國的外匯儲備操作美元與黃金之間的兌換，這一事件說明了布列敦森林體系的結束。

　　從 1973 年起，幾個主要工業國家的貨幣變得更加自由浮動，其匯率主要取決於外匯市場的供應和需求的力度。1970 年代，貨幣交易的強力波動和營業額的增加，新的金融工具介入，市場管制放寬，交易更加自由，外匯交易開始吸引投資者和投機者。1980 年代，電腦科技的到來，加速了跨境資本的流動，外匯交易規模從 1980 年代的每天大約 700 億美元猛增到現在的每天超過幾兆美元。

　　在 1971 年和 1972 年，有兩次使貨幣兌換美元自由浮動的嘗試，即史密斯協定和歐洲聯合浮動制。史密松寧協定（Smithsonian Agreement）實際上是對布列敦森林協定的修改，使其允許有更大的波動性，而歐洲聯合浮動制是為了降低歐洲貨幣對美元的依賴性。這兩次嘗試均以失敗告終。隨後直到 1978 年，國際貨幣基金組織強制各國貨幣匯率自由浮動。

　　外匯貿易加速的一個重要的催化劑是快速發展的歐洲貨

幣市場，美元被儲存在美國之外的歐洲銀行裡。歐洲貨幣市場成形於 1950 年代，當時，蘇聯的石油收入都是以美元結算，因為擔心被美國政府凍結，這些美元都存在了美國以外的地區。所以在美國以外存在著大量美國政府無法控制的美元。美國政府於是頒布法令限制借錢給外國人。歐洲貨幣市場變得很具吸引力，因為他們的限制少而提供較高的回報。從 1980 年代晚期起，美國公司開始對外貸款，他們發現歐洲貨幣市場是一個有利的持有額外流動資金、提供短期貸款、開展金融進出口業務的市場。

倫敦曾經是，現在依然是重要的貨幣交易市場。在 1980 年代，為維持國際金融市場的領先地位，除英鎊外，倫敦還開展美元貸款業務，因此，倫敦成為歐洲貨幣市場的中心。倫敦得天獨厚的地理位置使其運作時間可以與亞洲和美洲市場運作時間分別部分重合，對維持其在歐洲貨幣市場的支配地位，形成了輔助作用。

1999 年，歐盟成立 7 年後，歐元誕生。歐元是第一個用於歐盟成員國間的統一法定貨幣。歐元也是第一個有實力和傳統外匯市場領先貨幣競爭的貨幣。歐元帶來了歐洲和外匯市場長期期待的穩定性。

隨著 1990 年代末 ECN 平臺的採用，便捷的線上交易讓外匯交易變得更加高效。

「We Are Social」和「Hootsuite」釋出了《2018 年全球

數字報告》，全球網際網路使用者數已突破 40 億，這意味著全球有一半人口「上網」。受智慧手機和行動數據推動，新增行動網際網路使用者的占比也更大，智慧手機是全球網際網路使用者的首選裝置。全球 76 億人口中，約 2/3 已擁有手機，且超過半數為智慧型裝置，因此人們可以隨時隨地輕鬆地獲取豐富的網路資訊。

在經濟全球化、金融交易自由化的國際潮流引領之下，外匯的滲透力和競爭力在不斷增強。雖然大型金融機構和銀行作為主要的做市商在外匯市場上占據了半壁江山，但是現代技術的發展使得外匯可以廣泛地被大眾接受。外匯經紀商開發了易於使用的線上交易平臺，簡化了交易流程，也使其幾乎可以在世界任何地方交易。

驚人的數據：每 396 個網際網路使用者中就有 1 個線上交易者。統計顯示，全球有超 960 萬的線上交易者。

美國和英國仍是迄今為止最大的外匯交易中心，但有 1/3 的線上交易者位於亞洲和中東。它們擁有 19 億網際網路使用者，網路交易者人數高達 320 萬。

網際網路、ECN 和外匯經紀公司所提供的多功能交易工具和平臺，讓人們可以在舒適的家裡交易外匯，這給散戶投資者創造了機會。

1.3 交易市場

外匯交易市場是全世界最大的金融市場。

根據國際清算銀行 2016 年三年期中央銀行外匯和場外交易衍生品市場的調查，2016 年 4 月外匯市場交易量為平均每天 5.1 兆美元；場外利率衍生品交易量為平均每天 2.7 兆美元。

上述資料是一分三年期的市場調查，每三年統計一次併釋出，上一次更新時間為 2016 年 12 月 11 日。

國際清算銀行（BIS）成立於 1930 年，代表著來自世界各地的國家，這些國家的 GDP 共占世界 GDP 總量的 95% 左右。其總部位於瑞士巴塞爾，擁有兩個代表處：香港特別行政區和墨西哥城。

▶ 1. 買賣同步

每一項外匯交易都是在外匯市場買入一種貨幣的同時賣出另一種貨幣。

例 1-1

如果你計劃去美國度假，之前，你需要將新臺幣兌換成美元才能在美國消費。

你會去貨幣兌換商那裡賣出你的新臺幣同時買進美元。當你度完假回臺灣後，還剩餘一些美元，這時，因為你無法在臺灣使用美元，你會再去金融機構那裡賣出美元，同時買進新臺幣。

▶ 2. 貨幣對形式交易

所有的外匯交易都是以貨幣對的形式交易，即買進一種貨幣的同時，賣出另一種貨幣。

例 1-2

1. 歐元／美元 EUR／USD
2. 美元／日元 USD／JPY
3. 美元／瑞士法郎 USD／CHF

之所以外匯都是成對交易，是因為它提供了一個比較一種貨幣兌換另一種貨幣價格的根據。比如，我們無法用美元和美元比較，因為一美元就是一美元。這種比較也無法展現出貨幣的升值或貶值。因為貨幣的價格不會自己變化，它的價格變化只能展現在與其他貨幣的比較上。

我們用歐元和美元作比較，意思就很清楚了。

1. 1 歐元＝ 1.05127 美元（2017.1.1 開盤價）
2. 1 歐元＝ 1.20285 美元（2017.12.31 收盤價）

例 1-2 中，貨幣對歐元／美元（EUR／USD）── 歐

元兌美元。2017 年 1 月 1 日開盤時 1 歐元兌 1.05127 美元，2017 年 12 月 31 日收盤價為 1 歐元兌 1.20285 美元。

從以上兩個例子我們知道，貨幣的價格不會自己發生變化，價格變化只能展現在與其他貨幣的比較上，外匯交易的貨幣對都是成對存在的。

▶ 3. 場外交易市場

外匯市場是一個場外交易市場，沒有中央交易和清算所，經紀人／交易者之間直接交涉。

外匯交易所是透過國際銀行網路建立的橋梁。透過這個橋梁，外匯市場可以 24 小時不間斷地運作，為有其他工作的全職人員提供了在適合自己的時間段做外匯兼職的有利條件。不論何時、何地，只要有電腦和網路，人們就可以進行外匯交易。

世界上有三大外匯交易地區，按時區分為亞太區、歐洲、美國。這三大交易地的營業時間相互重疊（見圖 1-1），它們也是主要的外匯交易中心的所在地。因此，外匯交易可以 24 小時不間斷地從星期一早上 5 點營運到星期六早上 5 點。

外匯交易地區（排序順序依據開始營業時間的先後）

1. 威靈頓（紐西蘭）
2. 雪梨（澳洲）
3. 東京（日本）

4. 香港（中國）

5. 新加坡（新加坡）

6. 莫斯科（俄羅斯）

7. 法蘭克福（德國）

8. 巴黎（法國）

9. 倫敦（英國）

10. 蘇黎世（瑞士）

11. 紐約（美國）

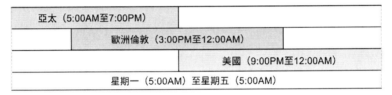

圖 1-1 三大交易地的營業時間相互重疊

外匯市場也不僅限於一個地區，它遍布在世界各地，跨越不同時區，主要有 3 個貨幣中心：**倫敦、紐約、東京**。

外匯市場交易最活躍時期是不同地區的外匯交易時間段重疊的時候。

在大約上午 7 點時，日本睡醒，外匯市場開始運作，這也被看作亞洲時段的開始。日本是世界上第三大外匯交易中心，世界上的許多主要銀行、對沖基金在東京都設有辦公室。日元的兌換交易這時開始變得很活躍。

在下午 3 點時，亞洲外匯市場交易活動逐漸放緩，歐洲

外匯市場這時開始營業，這也是歐洲時段的開始。倫敦被看作是最重要的外匯市場。世界上大約 37% 的外匯交易量是在倫敦發生的。

在大約晚上 8 點時，也就是在倫敦交易時段進行到一半的時候，美國的外匯市場開始了，這時也被視為美國交易時段的開始。紐約是世界第二大外匯交易市場。因為美國時段初段與歐洲時段重疊，世界上最重要的兩個外匯市場同時運作，此時的外匯市場特別活躍。美國的重要經濟資訊也在美國時段稍早的時候公布，這些新聞引起外匯市場的劇烈波動。紐約的中午過後，外匯交易逐漸由活躍趨於緩和，因為歐洲外匯市場這時停止動作，外匯交易的流動性和波動性也隨之逐漸消失。

在紐約時間下午的稍晚的時候，倫敦的交易者已經回家休息了，日本此時正是深夜，紐約的交易儘管還是很活躍，不過他們已經完成了大量的交易量。當美國的外匯市場結束時，西太平洋地區的外匯交易才剛剛開始。澳洲、紐西蘭開始了一天的運作。這樣的循環持續整個星期，只有從星期六早上 5 點到下個星期一早上 5 點的這段時間內，絕大部分的交易才會停止進行。

優勢

　　高流動性：基於外匯市場巨大的交易量，外匯交易具備極高的流通性，外匯的高流動性和鉅額交易量對交易者有著巨大吸引力，因為它允許交易者在任何時候、任何市場狀況、以任意大小的交易量輕易入場或退場。無論在任何時候，市場上都有買家與賣家。

　　波動性：因為外匯市場巨大的交易量，外匯市場也是一個波動性很強的市場。這也為交易者提供了商機。

　　專注性：相對於研究紐約證券交易所和那斯達克 9,000 多支股票，一個外匯交易者只需專注並了解幾種貨幣對的特性。由於外匯市場的波動性，僅僅幾種貨幣對也可以帶來巨大的商機。

　　從轉倉利息中獲利（套利交易）：交易者可以透過買進高利率貨幣同時賣出低利率貨幣以賺取利差。交易者經常長期（幾個月，甚至是幾年）持有高利率貨幣以獲得十分可觀的利息回報，這種策略也稱為套利交易策略。

　　24 小時市場：一天 24 小時內，交易者總是可以選擇適合他們的時間和方式來進行交易。因為無論何時總有買家和賣家，交易者可以迅速地入場或離場。

　　沒有費用：外匯市場並沒有結算費用、交易費用、政府收費和仲介費。經紀人從他們的買賣點差服務中獲利。

　　高槓桿：透過高槓桿，交易者通常可以以很小數目的資金控制大量的資金。但是槓桿是把雙刃劍，賺取鉅額利潤的同時也可能導致鉅額的損失。

　　熊市與牛市的潛在機會：在市場上升期，交易者可以選擇買多策略，即低價時買進外匯，高價時賣出。在市場的下降期，交易者可以選擇賣空策略，即在高價時賣出外匯，在價格回落時再買回外匯。所以無論是在牛市還是熊市，交易者都有潛在的機會賺取利潤。

　　總是牛市：外匯交易總是買進一種貨幣的同時賣出另一種貨幣，這也就意味著配對的兩種貨幣中，一種貨幣價格下降的同時，另一種貨幣價格就會相應地上升，反之亦然。因此，無論市場如何，總能找到賺錢機會。外匯這個獨特的優點是股票、債券、期貨市場所沒有的，尤其是在嚴重的金融危機下，所有的資產種類的價格都會不同程度地下降。

　　沒有人可以操控市場：外匯市場巨大的交易規模使任何個體幾乎不可能憑一己之力長期操控市場。即使是像中央銀行這樣具有大量資金的機構，也只可能在短期內影響貨幣價格。貨幣的長期走向還是取決於市場的供應。

　　公平的競爭環境：外匯市場中，相關重要經濟資訊／報告是平等地開放給所有市場參與者的，而且參與者經常在新

聞公布前就可獲得通知。所以在分析、等待交易機會時，沒有人可以獲得不公平的競爭優勢。

作為對比，我們總結一下股票交易、期貨交易、外匯交易的主要區別（見表 1-1）：

表 1-1 股票交易、期貨交易、外匯交易的主要區別

	股票交易	期貨交易	外匯交易
交易對象	股權憑證	商品合約	貨幣對
交易方向	只能做多，不能做空，受大盤的系統性影響大，熊市時都在虧錢	可以做多，可以做空，看漲就做多，看跌就做空，漲跌都可以賺錢	可以做多，可以做空，看漲就做多，看跌就做空，漲跌都可以賺錢
交易制度	T＋1交易，今天買入，明天才能賣出	T＋0交易，一天可以交易N次，資金變現快，一旦行情突變可以及時止損或止盈	T＋0交易，一天可以交易N次，資金變現快，一旦行情突變可以及時止損或止盈
交易品種	每年都有新增發行的股票，3,000多支股票，包括各行各業，選擇難度大	相對品種較少，選擇交易對象相對容易	相對品種較少，選擇交易對象相對容易
交易費用	交易費用＝手續費＋印花稅	手續費很低，沒有印花稅	沒有手續費，點差低，透明度高
槓桿比例	實盤交易，不能使用槓桿	保證金交易，具體依簽約的期貨公司確定的保證金比例，一般為5～20倍	受NFA（美國全國期貨協會）監管的交易平臺最高的槓桿不能超過50倍
交易時間	上午9:30－11:30 下午13:00－15:00	上海期貨交易所集合競價8:55－8:59 撮合8:59－9:00 連續交易 9:00－10:15（第一小節） 10:30－11:30（第二小節） 13:30－15:00（第三小節） 黃金白銀夜盤21:00－02:30	全天24小時交易，活躍時間20:00－00:00，非常適合亞洲地區的投資交易
交割期限	——	期貨交易到期日必須進行交割	沒有交割限制

1.5 主要貨幣

　　交易中最為活躍的貨幣是美元（USD）、歐元（EUR）、
日元（JPY）、英鎊（GBP）、瑞士法郎（CHF）、澳元
（AUD）、加元（CAD）。這 7 種貨幣是外匯交易的主要貨
幣，其他貨幣是外匯交易的次要貨幣，根據國際清算銀行
（www.bis.org）公布的 2016 年三年期中央銀行對外匯和場外
衍生品市場的調查，數據於 2016 年 12 月 11 日更新。外匯流
通的貨幣分配占比，如圖 1-2 所示。

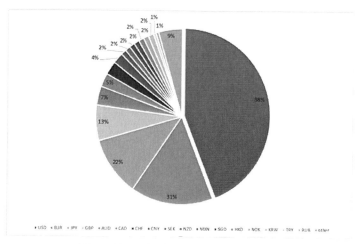

圖 1-2 外匯流通的貨幣分配（2016 年）

美元（USD）：世界主要貨幣，用來評估其他貨幣的標準。

歐元（EUR）：歐元是歐盟國家的貨幣。

日元（JPY）：日元在世界上每時每刻都在流動。

英鎊（GBP）：歷史上，英鎊曾是世界上占支配地位的貨幣，當時透過橫跨大西洋的電纜，英鎊經常以電匯的形式流通於北美洲和歐洲之間。曾經，一英鎊等價於一磅（1 磅 = 0.45 公斤）重的標準純銀，因此英鎊也被稱為「pound sterling」或簡稱「sterling」。

瑞士法郎（CHF）：瑞士法郎是唯一既不屬於歐洲貨幣聯盟又不屬於七國集團的一個歐洲國家的貨幣。

加元（CAD）：加拿大是世界上最大的石油生產國之一。當我們交易 CAD 的時候，我們實際上是在交易石油。美元和石油之間存在一種反轉的關係：當石油價格上漲的時候美元的價格在下跌。

澳元（AUD）：對很多交易者來說，用 AUD 交易就像是在交易黃金。澳洲是世界上最大的黃金生產地之一，並且澳洲出口 50% 的商品是貴金屬。

外匯貨幣符號通常都是三個字母。

這套規定外匯貨幣命名方法的標準稱為 ISO4217，由國際標準化組織制定。

外匯貨幣符號的前兩個字母代表國家（或地區）的名字，第三個字母代表那個國家（或地區）的貨幣的名稱。

命名規則如表 1-2 所示。

表 1-2 外匯貨幣符號命名規則說明

美元USD		英鎊GBP		日元JPY	
US	D	GB	P	JP	Y
(美國)	(元)	(英國)	(鎊)	(日本)	(元)

交易參與者

　　外匯市場中很重要的一部分來自實業公司為了買賣產品或服務而進行的貨幣兌換。實業公司有時會對其商品以不同的貨幣標價，以此來避免因貨幣匯率波動而產生的對公司盈利的影響。相對於銀行／投機商，實業公司貨幣兌換數額一般相對較小，對外匯市場的短期影響也較小。

　　各國中央銀行參與外匯市場的主要目的是為了使其傾向和經濟需求保持一致。他們試圖控制傾向的供需、通貨膨脹、利率，他們經常還會有官方或非官方的本國貨幣匯率值目標。

　　中央銀行一般提升利率以遏制通貨膨脹，降低利率以促進成長。還有一種中央銀行經常採用的穩定市場策略是在貨幣匯率過低時買進，在貨幣匯率過高時賣出。儘管中央銀行有著極其可觀的外匯儲備以穩定市場，但是中央銀行的穩定

措施也可能失敗，因為外匯市場多方面資源的疊加影響可以輕易地使中央銀行的努力變得微不足道。

一些重要的中央銀行名單如表 1-3 所示。

表 1-3 重要的中央銀行名單

國家或地區	央行名稱	名稱簡寫
中國	中國人民銀行	PBOC
歐盟	歐洲中央銀行	ECB
英國	英格蘭銀行	BOE
美國	美國聯邦準備系統	FED
日本	日本銀行	BOJ
瑞士	瑞士國家銀行	SNB
加拿大	加拿大中央銀行	BOC
澳洲	澳洲儲備銀行	RBA
紐西蘭	紐西蘭儲備銀行	RBNZ

▶ 商業銀行

商業銀行介入外匯交易的主要目的是賺取利潤。商業銀行約 60% 的利潤來自外匯交易。大型銀行為客戶或自己，在外匯市場中每日交易的金額數量巨大。

回顧看一看《歐洲貨幣》雜誌統計的 2017-2018 年 12 大外匯交易銀行的排名對照（見表 1-4）。

表 1-4 外匯交易中的 12 大商業銀行

EUROMONEY **FX Survey 2018: Overall results**

2018	2017	Liquidity Provider	%Market share
		Overall Market Share	
1	2	JPMorgan	12.13%
2	3	UBS	8.25%
3	12	XTX Markets	7.36%
4	4	Bank of America Merrill Lynch	6.20%
5	1	Citi	6.16%
6	6	HSBC	5.58%
7	8	Goldman Sachs	5.53%
8	5	Deutsche Bank	5.41%
9	9	Standard Chartered	4.49%
10	11	State Street	4.37%
11	7	Barclays	4.09%
12	10	BNP Paribas	3.31%

對沖基金被看作外匯市場上最大膽的投機者。他們控制著大量的資金並且透過槓桿效應增加回報。

喬治·索羅斯（George Soros）創辦的量子基金（Quantum Group of Funds）就是一個著名的外匯對沖基金。

喬治·索羅斯因 1992 年 9 月 16 號的「黑色星期三」而被人熟知。他透過賣出價值 100 億以上的英鎊，擊垮了英國央行，他也從中獲得了 11 億美元的巨大利潤。

當人們去其他國家旅遊時需要兌換些旅遊目的地國的貨幣。不過這在外匯市場中只是很小的一部分交易量。

　　外匯市場以前只有「大玩家」（商業銀行／對沖基金）才可以涉足，個人外匯交易者是沒有機會的。不過因為網路的普及，個人外匯交易者也可以使用許多線上交易平臺作交易，個人外匯交易者的外匯交易只是市場中很小的一部分。

影響貨幣價格因素

　　經濟狀況會影響貨幣價格，下面主要介紹幾個影響經濟狀況的因素。

　　國際貿易狀況：國家之間的高額貿易流通意味著對產品／服務的高需求，也意味著需要更多的國家傾向去支持貿易流通。市場需求一般會因貿易餘額而上升，因貿易赤字而下降。貿易餘額／赤字也反映了一個國家在全球貿易中的競爭力，它也影響到貨幣需求的上升或下降。

　　通貨膨脹：一個國家的貨幣價格在通貨膨脹下會下降。通貨膨脹降低了人們的購買力也就降低了市場對其貨幣的需求。

　　利率：指銀行同業拆借利率（IBOR）。銀行同業拆借利率一般是大型銀行借貸使用的利率。有些國家，銀行同業拆借利率也是它們的中央銀行為了影響貨幣方針而想要達到的利率。

中央銀行介入：中央銀行一般提升利率以遏制通貨膨脹，降低利率以促進成長。遇到金融危機，中央銀行有時會將大量的金錢投入到市場中以穩定貨幣。

經濟指數：國內生產毛額（GDP）、消費者信心指數等，可以反映一個國家的經濟狀況，總體上講，一個國家的經濟越好，它的貨幣需求量就越高。

金融危機：由於大型金融機構倒閉、貨幣劇烈貶值等原因造成的金融危機使市場價格劇烈波動，大量的資產在危機中虧損。

政治狀況

政治狀況會影響到投資者對一個國家管理能力的信心，從而影響到其貨幣價格。政治波動、政治危機、恐怖攻擊都有可能對一國貨幣造成不利影響，而那些受歡迎的政治人物或黨派執政會對貨幣產生有利的影響。以上的政治因素，不僅影響本國的貨幣，還會影響到鄰國甚至全球貨幣的價格。

最終，無論重要經濟資訊是好是壞，市場對資訊的反應才是最終決定價格走向的因素。有時導致市場最大波動的是市場的不合邏輯性以及情緒化。

因此發展出了對那些市場分析員、交易者的研究。這些

人相信透過他們對圖表／價格模式的分析可以總結出市場的
情緒化特點,從而在賺取利潤中取得優勢。

外匯合約特點

貨幣對中的第一個貨幣稱為**基本貨幣**,第二個貨幣是**相
對貨幣或標價貨幣**。

例 1-3

USD／JPY 美元／日元

(基本貨幣／相對貨幣)

(1 美元= 103.160 日元)

EUR／USD 歐元／美元

(基本貨幣／相對貨幣)

(1 歐元= 1.38023 美元)

GBP／USD 英鎊／美元

(基本貨幣／相對貨幣)

(1 英鎊= 1.28383 美元)

基本貨幣的價格總是固定為 1 元,而相對貨幣是一個變
數。相對貨幣的價格會隨著匯率的波動而上升或下降。

國際標準化組織規定了各國貨幣的符號以及貨幣在貨幣
對中的順序。如果一種貨幣對在圖表上上升時,意味著基本

貨幣對相對貨幣走強了。這個規定適用於所有貨幣對。相應的，如果基本貨幣對相對貨幣走弱，貨幣對的匯率就會在圖表中下降。

四種主要的貨幣對是**歐元／美元、美元／日元、英鎊／美元和澳元／美元**。其他被大量交易的貨幣對有美元／加元、美元／瑞士法郎、紐西蘭元／美元、歐元／日元等。

還有其他的交叉匯率的貨幣對，如歐元／英鎊、歐元／瑞士法郎、歐元／日元、英鎊／日元、紐西蘭元／瑞士法郎、澳元／瑞士法郎等，也是常見的貨幣對。

交叉匯率是某種非美元貨幣對其他非美元貨幣的匯率。

基點（Pips）是貨幣的常見增量。

一個基點是外匯市場上一個匯率值的**最小增量**。Pips（基點）是一個報價的最後一個小數位。

例如：

如果 1EUR ＝ 1.32661USD，1 個基點表示 0.00001 美元（USD）。

如果 1EUR ＝ 131.765JPY，1 個基點表示 0.001 日元（JPY）。

任何一個與日元為**相對貨幣**的貨幣對，基點值都會升到**小數點後 3 位數**。

Pips（基點）是用來衡量你的盈利／虧損的工具。

槓桿效應是指以少量資金／保證金來控制大量的資金。

槓桿融資是外匯交易中常見的做法，它允許交易者以信用，如保證金，來使回報最大化。

　　保證金是做市商需要擔保物來確保投資者可以在損失的情況下支付。擔保物就叫做保證金，也就是外匯市場上大家熟知的最低抵押。

　　例如：

　　如果一個交易者想要使用 1:100 的槓桿買／賣 1 標準手數（價值 100,000 美元）的歐元／美元。

　　對於 1:100 槓桿效應，需要的保證金為 1%（100,000 美元 $\times 0.01 = 1000$ 美元），他只需要抵押 1,000 美元作為保證金。

　　保證金也可用百分比的方式表示，在上面的例子裡，保證金為 1%。

　　如果一個交易者想要使用 1:400 的槓桿買／賣 1 標準手數（價值 100,000 美元），他只需抵押 250 美元（100,000 美元 /400）作為保證金。

　　當你下訂單購買或出售一個外匯合約時，頭寸所需的保證金與你帳號的剩餘部分是分離的。你帳號的**剩餘資金**通常被看作可用的保證金。

　　大體上，你用的槓桿越小你需要給經紀人的保證金就越多；你用的槓桿越大你需要給經紀人的保證金越少（見表 1-5）。

表 1-5 保證金和槓桿效應

所需的保證金	最大槓桿效應
5%	20：1
3%	33：1
2%	50：1
1%	100：1
0.5%	200：1
0.25%	400：1

使用的槓桿越大，交易者面對的風險就越大。這裡有兩種可能情況：

在一個交易中，保證金在交易結束前不會被用到，但是你的可用保證金會隨外匯市場匯率的波動而升降。就像上面解釋的，用的槓桿越大，保證金就越少，所以剩餘的自由保證金就越多。這樣就增加了你帳號所面對的外匯市場的風險，尤其是在市場狀況不利於交易者而又沒有設定止損點的情況下。

當使用較大的槓桿時，一個交易者可以用同樣的錢買更多的手數以賺取更多的利潤。

例如：

交易者如果用 1:100 的槓桿，1000 元只能買 1 手數。

交易者如果用 1:400 的槓桿，1000 元可以買 4 手數。

如果交易者盈利了，他會獲得 4 倍的回報，相反地，如果他虧損了，他也會有 4 倍的損失。

當你去貨幣兌換商那裡兌換貨幣時，你總是會看到貨幣

買賣價格的顯示牌。買進貨幣時的價格叫買價,賣出貨幣時的價格叫**賣價**。

例:美元/日元

賣價/買價

100.100/100.130

(賣出)(買入)

賣價一般都低於買價。點差是買價和賣價之間的差值。經紀人總是利用點差在交易中賺取利潤。

例如:

根據以上美元/日元的賣價/買價,你會付 100.130 日元買進 1 美元。如果此時賣出,你只能得到 100.100 日元。你開始有 100.130 日元,之後你只有 100.100 日元,你損失了 0.030 日元。損失的 0.030 日元變成了經紀人的利潤。在這套賣價/買價體系下,顧客總是高價買低價賣(虧損),而經紀人低價買高價賣(盈利)。

在 MetaTrader4 平臺上的交易品種,賣價與買價之間的差額就是點差(見圖 1-3)。

交易品種	賣價	買價
⬆ USDCHF	0.98410	0.98428
⬆ GBPUSD	1.28383	1.28412
⬇ EURUSD	1.14639	1.14661
⬆ USDJPY	108.539	108.566

圖 1-3MetaTrader4 平臺上交易品種的賣價與買價

　　如 GBPUSD，賣價為 1.28383，買價為 1.28412，之間相差的 0.00029 就是點差。

　　還有 EURUSD，賣價為 1.14639，買價為 1.14661，之間相差的 0.00022 就是點差。

　　大體上，一個貨幣對的交易量越大，流動性越強，經紀人提供的點差就越低。被大量交易、受歡迎的貨幣對，如美元／日元，歐元／美元，點差一般為 20 至 30 個基點。而像土耳其里拉／日元這類交易量較小的貨幣對，它的點差可以達到 130 個基點。

　　點差較小，市場只需小幅有利於你的走向就可以使你收支平衡和盈利。而點差較大，你需要市場較大幅的有利你的走向才能收支平衡和盈利。這也是為什麼大部分交易者總是選擇交易流動性極強的貨幣對，如歐元／美元，美元／日元，英鎊／美元等。

　　現在我們來計算點差：

（1）

歐元／美元

賣價／買價

1.42390／1.42410

這個例子中，點差為 20 個基點（20Pips）。

（2）

美元／日元

賣價／買價

100.676／100.707

這個例子中，點差為 31 個基點（31Pips）。

（3）

英鎊／瑞士法郎

賣價／買價

1.95301／1.95367

這個例子中，點差為 66 個基點（66Pips）。

在外匯市場上，所有的交易都必須在兩天內結束。如果交易者想要延長他們的交易，他們必須在結算日的美國東部標準時間下午 5 點前暫停他們的交易，第二天再重新開始交易。這樣就可以將交易延期。這種策略稱為轉倉，它產生於一種交換協定，這種策略可能會為交易者帶來利潤或損失，這取決於現行匯率。

外匯市場以貨幣對來運作，並且以標價貨幣相對於基本貨幣來報價。投資者借錢來購買另一種貨幣，對所借的貨幣支付利息並在所購買的貨幣上賺錢，其中的淨收益就是轉倉利息。

為了計算轉倉利息，我們需要這兩種貨幣的短期利率以及這個貨幣對的當前匯率和所購買的貨幣對的數額。

假設一個投資者持有 10,000 的加元／美元，當前的匯率是 0.91550，加元（基本貨幣）的短期利率是 4.25%，美元

（標價貨幣）的短期利率是 3.5%。

　　所購買的單位數會被用到，因為這是所擁有的單位數。短期利率會被用到，因為這是貨幣對中所用貨幣的利率。本例中的投資者擁有加元，因此他賺了 4.25% 的利率，但是必須支付所借美元的 3.5% 的利率。如果基本貨幣的短期利率比所借貨幣的短期利率低，那麼轉倉利息將變成負值，會造成投資者帳號資金的減少。

　　交易者經常採用這種策略（套利交易），他們長期持有，從高利率貨幣對低利率貨幣的利息差中獲利。常見的貨幣對是加元／日元。

　　截止到 2018 年 10 月 25 日，重要貨幣的利率如表 1-6 所示。

表 1-6 重要貨幣的利率

央行	上一次利率改變時間	當前利率水準	下一次會議時間	預期
歐央行	2016年3月10日	0%	2018年12月13日	利率不變
瑞央行	2015年1月15日	−1.25% ~ −0.25%	2018年12月13日	利率不變
加央行	2018年10月24日	1.75%	2018年12月5日	利率不變
美聯儲	2018年9月27日	2.00% ~ 2.25%	2018年11月9日	利率不變
新聯儲	2016年11月10日	1.75%	2018年11月8日	利率不變
澳聯儲	2016年8月2日	1.50%	2018年11月6日	利率不變
英央行	2018年8月2日	0.75%	2018年11月1日	利率不變
日央行	2016年1月29日	−0.10%	2018年10月31日	利率不變

第 2 章
入門外匯交易分析

　　基本面分析和技術面分析是外匯交易分析中兩個主流的分析模式，這兩種分析模式都是為了解決同一個問題，那就是預測價格的走勢。

　　無論基本面分析還是技術面分析，都是從不同的角度解決問題。基本面分析研究市場走向的原因，而技術面分析研究的是這些原因對市場的影響。

　　現在，對交易者來講，最大的挑戰不是找到資訊而是在大量的資訊中確定什麼資訊是最重要的，同時還需要避免因過多的資訊導致的資訊過量及因資訊過量產生的困惑。如果要去閱讀一天內產生的所有資訊，猜想這一天就不用做其他的事情了，海量的資訊和太多的資訊管道吸引了我們的注意力，這也是這個資訊時代的特徵。

　　事實上，大多數交易者既不把他們歸類於技術面分析員也不歸類於基本面分析員。實際上，技術面分析和基本面分析有很多的重疊。許多基本面分析員有基礎的圖表分析能力。同時，許多技術面分析員對基本面分析也有了解。

　　在這一章，我們安排了基本面分析的知識，嘗試用一些案例去說明基本面的改變帶來價格走勢的改變，同樣也安排了技術面分析的內容。我們可以看到市場的結構化走勢，經濟週期也有繁榮、衰退、蕭條、復甦這些階段，同樣我們也可以看到市場價格在 24 小時中經歷的不同風格的切換。

　　交易聖盃，這是很多交易者的迷思，到底有沒有交易聖

盃？解答這個疑問是很多交易者一生的追求。無論聖盃存在還是不存在，我覺得追求聖盃的意義更在於追求聖盃的過程。

外匯交易基本面分析

　　外匯交易基本面分析就是研究能影響一個國家整體經濟的本質因素，在分析了諸如經濟指標、經濟政策、社會發展狀況等因素後判斷外匯市場價格的動向及市場趨勢，以此來決定交易計畫。

　　基本面分析可以有效預測經濟情況，但不一定是匯市價格。交易者需要更好地解讀已知的數據來制定有效的交易策略，其中涉及一些基本的經濟學知識。

　　外匯市場供求關係影響貨幣價格的波動，供應量大了價格就下跌，反之，供應量小，價格就上升。幾乎每個國家的經濟都在不斷地重複週期變化，貨幣供需量在週期變化中不斷地變化，這樣就造成了價格的波動。

　　經濟週期分為繁榮、衰退、蕭條和復甦四個階段。

　　在繁榮期，一般民眾經濟狀況良好，購買能力強大，所以貨物的需求量會大於供應量，價格就會上升，最後形成通膨。價格不斷上升會減弱購買力，降低需求量，使經濟進入

衰退期。在衰退期，商業行為減少，失業率上升，這通常會使價格下降形成通貨緊縮。此時如果政府不能採取有效措施去刺激經濟，就有可能進入蕭條期，過低的價格會促使需求增加，經濟開始復甦，然後開始另一輪的循環。

當各國經濟處於經濟週期的不同階段、不同時期時，它們的貨幣之間的相對價值就會在外匯市場展現出來。準確判斷各國的經濟實力，就能在外匯交易中獲取可觀的利潤，尤其對長期交易來說，基本面分析是非常重要的一個環節。

每個國家中央銀行的責任都是維護本國的經濟利益，他們小心地注意著一些能夠影響經濟指標的數據，而這些數據會被定期公布出來，其中有些數據被稱為「市場推動者」，對外匯市場有著很大的影響，所以，在外匯交易前注意這些數據的公布是非常重要的。

以 2008 年美國應對全球性的經濟危機為例，自 2008 年開始，聯準會先後實施了四輪 QE（量化寬鬆政策）。

▶ 1.2008 年 11 月 25 日：啟動 QE1

聯準會宣布將從兩大住房抵押貸款機構房利美和房地美及聯邦住房貸款銀行購買最高 1,000 億美元的直接債務，另外購買最高 5,000 億美元的抵押貸款支持證券，前者將於 2008 年 11 月 25 日後的一週進行，後者將於 2008 年年底

前啟動。這是聯準會首次公布將購買機構債和抵押貸款支持證券，標誌著第一輪量化寬鬆政策的開始。聯準會宣布購買6,000億美元抵押貸款支持債務的計畫，啟動了第一輪量化寬鬆政策（QE1）。

▶ 2.2009 年 3 月 18 日：擴大 QE1

聯準會宣布決定再購買最高 7,500 億美元的抵押貸款支持證券和最高 1,000 億美元的機構債，聯準會購買的抵押貸款支持證券和機構債券因此將分別增至最高 1.25 兆美元和2,000 億美元，聯準會同時宣布將在未來 6 個月購買 3,000 億美元的長期國債，聯準會由此擴大了第一輪量化寬鬆政策的規模。

▶ 3.2010 年 3 月 16 日：結束 QE1

聯準會宣布，過去一段時間聯準會一直在執行的購買1.25 兆美元的抵押貸款支持證券和約 1,750 億美元的機構債的工作已接近完成，剩餘的購買額度將於 2010 年 3 月底前完成。聯準會在第一輪量化寬鬆政策期間共購買了 1.725 兆美元資產，包括 1.25 兆美元的抵押貸款支持證券，1,750 億美元的機構債和 3,000 億美元的長期國債，也就是說為金融系統和市場注入了 1.725 兆美元的流動性。

▶4.2010 年 11 月 3 日：開啟 QE2

聯準會表示，經濟復甦「緩慢得令人失望」，宣布推出第二輪量化寬鬆政策（QE2），將購買 6,000 億美元國債。

2010 年 11 月 3 日，黃金當天大跌，收一根長下影的黑 K 線，最高 1364.15，最低 1325.39，在開啟 QE2 後，黃金在 11 月 4 日、11 月 5 日和 11 月 8 日連漲 3 天，隨後高位震盪，11 月 9 日達到階段高點 1424.18，隨後一路下跌至 11 月 17 日低點 1330.77。也就是說，開啟 QE2 後，黃金在半個月內劇烈震盪，甚至跌回的低點 1330 離 11 月 3 日低點 1325 只有 5 美元的差距。

黃金的真正飆漲是從 11 月 18 日開始的，最高觸及 2011 年 5 月 2 日高點 1576.40，如圖 2-1 所示。

圖 2-1 2010 年 9 月至 2011 年 5 月的黃金兌美元（XAUUSD）的日 K 線圖

　　圖 2-1 是 2010 年 9 月 至 2011 年 5 月 的 黃 金 兌 美 元
（XAUUSD）的日 K 線圖。需要說明的一點是，圖得標的最
高點和最低點是，一個參考點位，是為了更直觀地在圖表中
看到價格的變化，並非真實的最高點和最低點，最高點和最
低點在不同的交易平臺中也會有一些誤差。

　　所以，模糊的精確可能讓我們從歷史的角度去回溯這個
市場，讓我們去更好理解類似影響市場的大事件。每一個看
到這裡的讀者，都可以將圖表開啟，按著這個時間線去覆
盤，它可以幫助我們快速理解當市場的基本面發生變化後，
在事件發生的當下和接下來價格走勢的變化。再次說明一
點，圖中所標的高點和低點有一些誤差，請注意不同交易平
臺之間也會有一些誤差的存在，但這不影響我們對圖表的閱
讀。另外，黃金兌美元在 2011 年 5 月 2 日創造階段高點後，
到 2011 年 8 月 23 日都發生了什麼，一定要去回溯。它讓我
們知道基本面的改變，有力地推動著市場趨勢的發展。

▶ 5.2011 年 6 月 30 日：結束 QE2

　　聯準會決定在 2011 年 6 月 30 日結束 QE2。

▶ 6.2012 年 9 月 13 日：開啟 QE3

　　聯準會決定將無限期每月購買價值 400 億美元的抵押貸
款支持證券，啟動了 QE3。

▶7.2012 年 12 月 13 日凌晨：擴大 QE3 或開啟 QE4

聯準會當天在結束為期兩天的貨幣政策例會後發表宣告說，在賣出短期國債、買入中長期國債的「扭轉操作」年底到期後，每月除了繼續購買 400 億美元抵押貸款支持證券外，還將額外購買約 450 億美元的長期國債。這些被一些市場人士和媒體解讀為第四輪量化寬鬆（QE4）政策。但實質上，這是 9 月分宣布的第三輪量化寬鬆（QE3）政策的延續，或者更確切地說是 QE3 的「廬山真面目」。2013 年 12 月 19 日：聯準會宣布每月 850 億美元的購債規模縮減 100 億美元至 750 億美元，聯準會開始逐步退出 QE。

因此，基本面分析將所有可能影響市場價格的因素考慮在內，從而推測出市場的固有價值。固有價值的推測依據是市場的供需定律。在經濟層面上，基本面分析專注於金融、政治、經濟數據等因素對一個國家經濟發展的影響。因為它們會影響到貨幣的價格。基本面分析的目的是推測出合乎邏輯，有事實依據的預測，從對市場貨幣價格的上升下降的預測中獲得利潤。

外匯交易有許多基本資訊需要考慮，資訊的來源包括新聞廣播、政府報告、經紀人事務所的研究、網際網路及其他重要的來源。

我們都知道，在外匯投資行業當中，投資就是跟數據打交道，沒有數據的有力支撐，就相當於寫作沒了論據，做事

沒了工具。值得大家重視的是，資訊和數據的來源比資訊和數據本身還要重要。

經濟數據方面，基本面分析研究每月公布的新聞和事件。經濟指標通常成對的公布。第一個數據反映的是上一個月的經濟，而第二個數據是修改後的上上一個月數據之前的一個月的數據。

比如，在 12 月，經濟數據公布了 11 月的數字，就是上一個月的數字，此外還公布了修訂後的 10 月的經濟數據。

在基本面分析中，數據是很重要的，數據之間往往是環環相扣，緊密相連的。

利率是影響匯率的重要因素，但由於預期數據的影響，有可能被提前消化。

當經濟過熱、通貨膨脹上升時，便提高利率、收緊信貸；而當過熱的經濟和通貨膨脹得到控制時，便會把利率適當地調低。

實質利率＝名目利率－通膨率

利率與貨幣之間的關係是利率升、貨幣強；利率跌、貨幣弱。

利率的升降，反映了經濟的好壞。經濟蓬勃發展時期，升息意味著經濟快速成長，投資報酬率高。2018 年最引人注目的經濟事件就是美國聯準會連續升息。圖 2-2 是美國聯準會利率 2014 —— 2018 年的走勢圖。

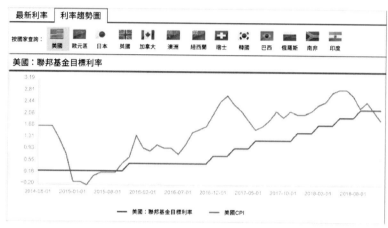

圖 2-2 美國聯準會利率走勢圖

世界主要經濟體的利率水準，如表 2-1 和表 2-2 所示。

表 2-1 發達經濟體的利率

國家或地區	利率名稱	當前值（%）	前次值（%）	升降基點（BP）	公布日期
美國	聯邦基金目標利率	2.25	2.00 至 2.25	0	2018-11-01
歐元區	再融資利率	0	0	0	2018-12-01
日本	央行利率決議	−0.10	−0.10	0	2018-11-01
英國	央行利率決議	0.75	0.75	0	2018-12-01
加拿大	隔夜目標利率	1.50	1.50	0	2018-09-05
澳洲	隔夜拆帳利率	1.50	1.50	0	2018-09-04
紐西蘭	官方現金利率	1.75	1.75	0	2017-08-10
瑞士	央行利率決議	−0.75	−0.75	0	2018-12-01
韓國	基準利率	1.50	1.25	25 ↑	2017-11-01

表 2-2 金磚國家的利率

國家	利率名稱	當前值（%）	前次值（%）	升降基點（BP）	公布日期
巴西	基準利率	14.00	14.25	−25↓	2016-10-19
俄羅斯	再融資利率	10.00	10.50	−50↓	2016-09-16
南非	再回購利率	7.00	7.00	0	2016-07-21
印度	再回購利率	6.25	6.25	0	2018-08-07

▶ 國內生產毛額

國內生產毛額（GDP）是指一定時期內，一個國家或地區的經濟中所生產出的全部最終產品和勞務的總值。它表示一個國家總體經濟的好壞，被西方經濟學家稱為最富有綜合性的動態經濟指標。

GDP ＝消費（C）＋私人投資（I）＋政府支出（G）＋淨出口額（X）。如果一國的 GDP 大幅成長，那麼該國經濟蓬勃發展，國民收入增加，消費能力也隨之增強。在這種情況下，該國中央銀行將有可能提高利率，緊縮貨幣，國家經濟表現良好及利率的上升會增加該國貨幣的吸引力。

反過來說，如果一國的 GDP 出現負成長，那麼該國經濟處於衰退狀態，消費能力降低。這時，該國中央銀行將可能降息以刺激經濟再度成長，利率下降加上經濟表現不振，該國貨幣的吸引力也就隨之降低了。

圖 2-3 為美國 GDP 年率初值的變化和波動，從中可以看到這段一時間內美國經濟的變化。

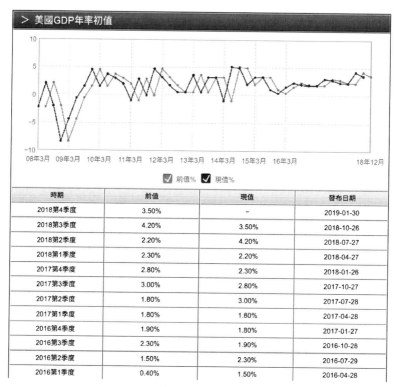

時期	前值	現值	發布日期
2018第4季度	3.50%	–	2019-01-30
2018第3季度	4.20%	3.50%	2018-10-26
2018第2季度	2.20%	4.20%	2018-07-27
2018第1季度	2.30%	2.20%	2018-04-27
2017第4季度	2.80%	2.30%	2018-01-26
2017第3季度	3.00%	2.80%	2017-10-27
2017第2季度	1.80%	3.00%	2017-07-28
2017第1季度	1.80%	1.80%	2017-04-28
2016第4季度	1.90%	1.80%	2017-01-27
2016第3季度	2.30%	1.90%	2016-10-28
2016第2季度	1.50%	2.30%	2016-07-29
2016第1季度	0.40%	1.50%	2016-04-28

圖 2-3 美國 GDP 年率初值

　　單一的數據可能只是一塊拼圖，像 GDP 這種數據就是一塊重要拼圖，和利率、非農就業數據結合起來分析，會讓我們得到相對完整的影響拼圖。

　　失業率是指一定統計時期內全部就業人口中有就業意願但沒有就業的勞動力占總勞動力的比率。

　　長期以來，失業率被看作一個反映整體經濟狀況的指標。在美國，它又是每個月最先公布的經濟數據之一，所

以，外匯交易者與其他金融市場分析人員都傾向於利用失業率指標來對工業生產、個人收入甚至新房屋興建等其他相關的指標進行預測，它是市場上最為敏感的月度經濟指標。

在沒有引發惡性通膨的前提下，失業率下降，表明整體經濟健康發展，有利於貨幣升值。

如果情況相反，失業率上升，則代表經濟發展緩慢，不能創造充足的就業職位，不利於貨幣升值。

若綜合失業率和同期的通膨指標來分析，可知當時經濟發展是否過熱，是否構成升息壓力，或是否需要透過降息以刺激經濟的發展。持續升息的預期，對外匯市場構成利好。

在外匯市場裡，我們談的非農就業數據一般是**指美國非農業就業人口數據**（見圖 2-4）。

釋出時間：通常為每月第一週週五。

釋出頻率：每月一次，每年共 12 次。

重要性：★★★★★

公布機構：美國勞工部。

非農就業數據公布官網 http://stats.bls.gov/home.htm。

這幅圖表是自 2008 年 1 月至 2018 年 12 月的非農就業人數變化數據圖，表格中的數據為 2018 年 1 月 —— 12 月的非農就業人數變化的數值。

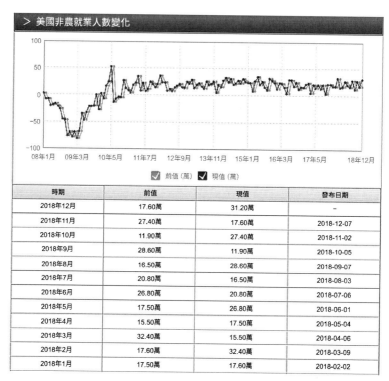

圖 2-4 美國非農就業人數變化

非農就業數據通常指美國非農就業率，非農就業數據一般包括前值、市場預測值、實際公布值。它能反映出製造行業和服務行業的發展狀況，數字減少便代表企業降低生產，經濟步入蕭條。當社會經濟發展較快時，消費自然隨之而增加，消費性及服務性行業的職位也就增多。當非農就業數字大幅增加時，表明了一個健康的經濟狀況，理論上對匯率應當有利，並可能預示著更高的利率，而潛在的高利率促使外

時期	前值	現值	發布日期
2018年12月	17.60萬	31.20萬	–
2018年11月	27.40萬	17.60萬	2018-12-07
2018年10月	11.90萬	27.40萬	2018-11-02
2018年9月	28.60萬	11.90萬	2018-10-05
2018年8月	16.50萬	28.60萬	2018-09-07
2018年7月	20.80萬	16.50萬	2018-08-03
2018年6月	26.80萬	20.80萬	2018-07-06
2018年5月	17.50萬	26.80萬	2018-06-01
2018年4月	15.50萬	17.50萬	2018-05-04
2018年3月	32.40萬	15.50萬	2018-04-06
2018年2月	17.60萬	32.40萬	2018-03-09
2018年1月	17.50萬	17.60萬	2018-02-02

匯市場推高該國貨幣價值,反之亦然。因此,該數據是觀察社會經濟及金融發展程度和狀況的一項重要指標。

通俗地說,它反映了在城市中工作的人們的就業率,從而顯示出美國的經濟情況。非農就業數據好,就業人口多,美國經濟就是健康上升狀態,數據不好則反之。

2018 年 10 月 5 日星期五,平臺時間 15:30 美國公布非農就業數據。因各 MetaTrader4 版本各不相同,時間需要換算一下。有的是倫敦時間,加 8 小時就是中原標準時間;有的是莫斯科時間,加 5 小時就是中原標準時間。本平臺的時間為莫斯科時間,加 5 小時即為中原標準時間,因此平臺時間是 15:30,換算成中原標準時間就是 20:30。

圖 2-5 是歐元兌美元 5 分鐘的 K 線圖,平臺時間 15:30,在數據公布後,我們可以看到一條長上影線,而後快速下破,第 2 根 5 分鐘 K 線收一根長的陰線,第 3 根 5 分鐘 K 線,吞沒了前一根陰線收陽線,第 4 根與第 5 根 K 線繼續第 3 根 K 線的上漲動能收陽線,第 6 根 K 線的最高價超過數據剛釋出時的上影線。數據釋出後的半小時,共 6 根 K 線,市場經歷了上漲——下跌——下跌——上漲——上漲——上漲的深 V 圖形。在圖表中把箭頭做出來後,按順序看過去,我們感受到市場謎一樣的走勢。最後它在高位震盪,因週五臨近收盤,交投清淡小幅波動。由此我們看到,這種數據的發布引起的市場波動真的無法去猜測。

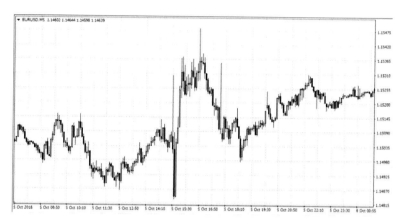

圖 2-5 歐元兌美元 5 分鐘的 K 線圖

　　生產者物價指數（PPI）是度量製造商和農場主向商業
主管部門報備商品的價格指數。它主要反映生產數據的價格
變化狀況，用於衡量各種商品在不同生產階段的成本價格變
化情況。

　　從經濟執行和生產過程的角度來講，PPI 是一個通膨的
先行指數。當生產原料及半成品價格上升數個月後，消費產
品的價格會跟著上升，進而引起整體物價水準的上升，導致
通膨加劇。

　　相反，當該指數下降，即生產原料價格有下降的趨勢，
也會影響到整體價格水準的下降，減弱通膨壓力。

　　另外，由於農產品是隨季節變化的，而且能源價格也會
週期性變動，對該價格指標影響很大，所以使用該指標時須
加整理或剔除食品和能源價格後再作分析。

如果 PPI 較預期為高，則有通膨的可能，央行可能會實行緊縮貨幣政策，對該國貨幣有利好影響。相反，如果 PPI 下跌，則會帶來相反效果的影響。

圖 2-6 是 2008 年 1 月至 2018 年 12 月的美國生產者物價指數月率的變化數據圖，表格中的數據為 2018 年 1 月——12 月的美國生產者物價指數月率變化的數值。

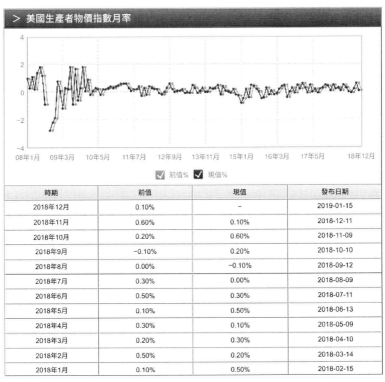

時期	前值	現值	發布日期
2018年12月	0.10%	–	2019-01-15
2018年11月	0.60%	0.10%	2018-12-11
2018年10月	0.20%	0.60%	2018-11-09
2018年9月	−0.10%	0.20%	2018-10-10
2018年8月	0.00%	−0.10%	2018-09-12
2018年7月	0.30%	0.00%	2018-08-09
2018年6月	0.50%	0.30%	2018-07-11
2018年5月	0.10%	0.50%	2018-06-13
2018年4月	0.30%	0.10%	2018-05-09
2018年3月	0.20%	0.30%	2018-04-10
2018年2月	0.50%	0.20%	2018-03-14
2018年1月	0.10%	0.50%	2018-02-15

圖 2-6 美國生產者物價指數月率的變化數據圖

　　利率、國內生產毛額、非農就業數據、生產者物價指數這四大經濟數據都直接影響著一國貨幣的走勢，上面引用美國的數據加以說明，投資者在進行投資之前需要了解這一國貨幣的走勢，就得充分了解該國這四大數據情況。

　　現在我們可以看到：基本面的改變有力地推動著外匯市場趨勢的發展。基本面的改變可能是指一個或多個大事件的改變，也可能是指市場關注的重要數據的改變，這些重要數據本身就具備非常大的影響力，無論是國民生產總值、利率、非農業就業數據，還是生產者物價指數。更為重要的是，這些重要數據的公布引起市場參與者的關注，又進一步加強這些重要數據對於市場走勢的影響。如美國的非農就業數據公布的日子，特別需要注意這樣的數據時段，公布時短時間的波動可能超過你的想像，當擊破市場的止損密集區時，匯率將會進一步加強走勢，因此，身為系統交易的執行者，最好不要在這樣的時間段去交易。

外匯交易技術面分析

　　技術面分析又稱技術分析，是指以市場價格為研究對象，根據對價格走向的研究判斷市場趨勢並根據趨勢的週期性變化做出對未來價格走向趨勢的判斷的分析方法的總和。

技術分析認為市場行為包容消化一切。任何可能影響到價格的因素，如基本面上的、政治上的、心理上的，如果發生變化，都可以反映在市場的價格波動上，價格反映了市場的牛市或熊市的心理。這句話的含義是，所有的基礎事件 —— 經濟事件、社會事件、戰爭、自然災害等作用於市場的因素，它們的變化都會反映到價格變化中來。所以，技術分析認為只要關注價格趨勢的變化就可以找到盈利的線索。技術分析的目的是為了尋找買入、賣出、止損訊號，並透過資金管理而達到長期穩定獲利的目的。

所以，技術分析需要的僅僅是對價格的研究。

技術分析並不關心價格升降的原因。技術分析試圖從價格變化中分析出市場走向。技術分析知道市場的走向是有原因的，但在預測市場的過程中，並不需要知道這些原因，市場已經告訴我們這些原因的影響了。

再次強調一次：技術分析認為市場價格反映了一切。另外一個支持技術分析的重要論點是歷史的重複性。

大部分技術分析和市場研究都與人類心理學研究有關。比如圖表模式，在對過去一百年的歸納總結中，它展現了價格趨勢表的某些特性。這些特性揭露出市場的牛市熊市心理。這些模式在過去的使用中表現良好，我們也假定這些模式在將來還會表現得很好。它們源於對人類心理學的研究。人類的心理總體改變的可能不大。另一種關於歷史的自我重

複的說法是，洞悉未來的關鍵在於對歷史的研究，或者說未來是歷史的重複。

　　未來是歷史的重複。

　　「什麼」比「為什麼」更重要。

　　交易者、技術分析師只關心兩件事：現有價格，歷史價格走向。

　　價格是貨幣的需求與供應相互作用的結果。分析的目的是預測價格的走向。分析並且只分析價格，技術分析師的這種方法是很直接的分析方法。基本面分析人員關心的是影響價格的原因。對技術分析人員而言，影響價格的原因太多，而且這些原因的合理性也會受到質疑。技術分析人員認為最好關心價格如何變動而不是為什麼變動。為什麼價格會上升，簡單地說就是需求大於供應。總之，所有資產的價格其實就是有人願意花錢買它。誰還需要知道為什麼價格會是這樣呢。

　　用一句話說就是，關心價格如何變動而不是為什麼變動。

　　價格是技術分析的基礎。

市場是隨機的還是可預測的

金融市場令人著迷，人們總希望找到破解其運動密碼的方法。

市場真的是隨機的、不可預測的嗎？這是一個重要的問題。

但是技術分析認為市場是人們心理的反映。因為人類心理中的貪婪、恐懼總是存在，它會反映到市場動態中，而這種動態是具有歷史重複性和延續性的。

圖 2-7 歐元兌美元 1 小時 K 線圖

　　透過圖 2-7 你有沒有觀察到：有結構的市場動態和價格重複模式。

　　這是歐元兌美元 2009 年 12 月 10 日至 18 日的 1 小時 K 線圖，我們透過畫框的方法，將市場的走勢區別出來，可以看到市場結構式的發展。

　　圖 2-7 所示的市場走勢，與時間和貨幣對無關，我們可以開啟任意時間和貨幣對，都可以看到相似的走勢。

　　例 2-1

　　圖 2-8 為歐元兌美元（EURUSD）的 1 小時走勢圖。

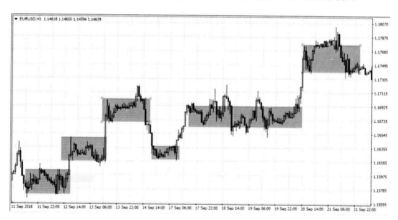

圖 2-8 歐元兌美元（EURUSD）的 1 小時走勢圖

　　例 2-2

　　圖 2-9 為英鎊兌日元（GBPJPY）的 1 小時走勢圖。

圖 2-9 英鎊兌日元（GBPJPY）的 1 小時走勢圖

例 2-3

圖 2-10 為黃金兌美元（XAUUSD）的 2018 年日線走勢圖。

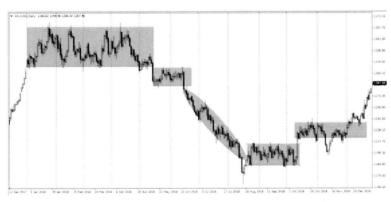

圖 2-10 黃金兌美元（XAUUSD）的 2018 年日線走勢圖

例 2-4

圖 2-11 為歐元兌美元（EURUSD）的 2018 年日線走
勢圖。

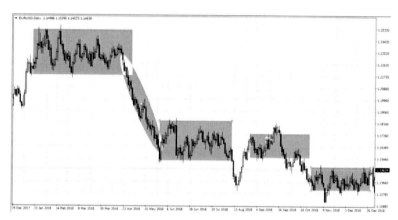

圖 2-11 歐元兌美元（EURUSD）的 2018 年日線走勢圖

透過上面的圖表你有沒有觀察到，市場並非無序地行
走，相反我們可以觀察到有結構的市場動態和價格重複模
式，K 線有歷史的重複性和持續性。

技術分析人員努力理解市場動態，基於對市場狀況、價
格模式的分析，他們可以對市場進行預測，這些預測可以幫
助他們在市場交易中取得優勢。

圖 2-12 為歐元兌美元 2018 年的日線圖，我們可以把階
段的高點和低點連起來，將市場的重要位置標示出來。我們
可以觀察到，當市場到達某一位置後，後面不斷地觸及這一
位置但不突破。我們可以更加生動地看到這個市場結構，看

到市場在這些劃著橫線的地方有著看不見的力量，因此，我們也看到了市場其實也是有記憶的。

圖 2-12 歐元兌美元 2018 年的日線圖

　　本書的圖表截圖均來自真實的市場數據，開啟 MetaTrader4 平臺，找到對應的貨幣對和時間線，就可以找到書中的任意一幅價格圖表。

　　圖 2-13 給出了解釋說明，方便大家參照學習，也是為了讓大家習慣閱讀和交易空頭走勢。書中的很多圖表都傾向於選擇空頭走勢圖，這是需要注意的思維習慣。如果你停留在多頭走勢圖中，那麼這是一個特別的提醒。

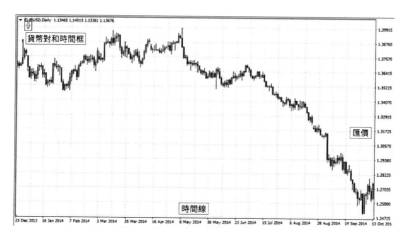

圖 2-13 對應的貨幣對和時間線

EURUSD 為歐元兌美元貨幣對；

Daily 是指時框為 1 天；

1.32915 是匯率水準，排成豎列；

8May2014 是 2014 年 5 月 8 日，排成橫列。

請參考下面的方法找到書中的圖表，如圖 2-14，圖 2-15 所示。

如果需要歐元對美元（EURUSD）日線圖更多的歷史數據，我們可以在 MetaTrader4 平臺中按 F2 鍵，進入「歷史數據中心」，或者在導航欄裡，點選「工具」選單，選擇「歷史數據中心」選項，彈出「歷史數據中心」對話方塊，如圖 2-14，圖 2-15 所示。

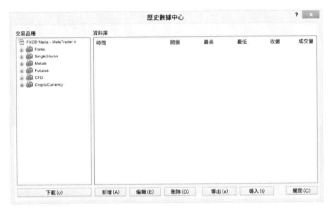

圖 2-14 歷史數據中心截圖 1

圖 2-15 歷史數據中心截圖 2

　　MetaTrader 的歷史數據中心提供了用於價格研究需要的歷史數據的數據。

　　基本面分析得出的結論和技術分析得出的結論經常互相衝突。特別是市場早期的一些走向是基本面分析無法支持和解釋的。當一些引人最注目的牛市或熊市發生時，基本面分

析人員很少或是沒有注意到市場的改變。當他們注意到這些改變時，市場的趨勢已經早在進行中了。

技術分析的另外一個優勢是它可以在任何時間運用於任何資產的交易。技術分析的原理可以用於股票、期貨、外匯等。只要願意，技術分析員可以做很多市場，這點是基本面分析員做不到的。由於大量的經濟數據需要分析，基本面分析人員，通常只專注於一種市場。

如果基本面原則能夠反映在市場中，那麼基本面原則的研究就變得沒有必要。對圖表的閱讀就成了基本面分析的捷徑。但反過來卻無法實現。基本面分析不包括對價格的研究。只用技術分析的方法在金融市場上交易是可以做到的，但反過來，只用基本面分析而不用技術分析是否可以在市場上交易還是值得懷疑的。

這裡一定要記住的是技術分析更像是一門藝術而不是技術，它取決於你對它的詮釋。成功與否取決於技術分析人員的經驗技術。一個交易者的風格也許對他很適用可對別人卻不適用，這也表示交易者應該選擇適合他／她的風格。

培養風格需要時間、努力、專注，但回報也是豐厚的。

技術分析可以幫助我們選擇好的入場時機點。一些分析人員用基本面分析確定市場長期（通常 1 年以上）走向，用技術分析確定市場短期走向（0 至 90 天），從而確定交易的精確入場點和平倉點。交易時機對業績表現很重要已經不是

什麼祕密，技術分析可以幫助我們找到需求（支撐）水準、供應（阻力）水準，還有突破點。簡單地等待突破點高於阻力水準或在接近支撐水準時買入就可以提高回報。

市場走向

大體上，市場走向只有兩種狀況：趨勢和平穩。在一個持續的上升或下降趨勢後，市場會轉入到平穩期。在平穩期後，市場突破平穩期繼續沿原趨勢方向移動或反方向移動。平穩期階段越長，當一個突破發生時一個大趨勢的可能性就愈大（見圖 2-16）。

圖 2-16 市場走向圖

市場走向分為上升趨勢、平穩、下降趨勢三類。

▶1. 上升趨勢

在上升趨勢上，會有一系列的
更高的高價點和更高的低價點（見
圖 2-17）。

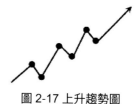

圖 2-17 上升趨勢圖

▶2. 平穩

在一個平穩區域內，沒有一系
列的更高的高價點，更高的低價
點，更低的高價點或更低的低價點
（見圖 2-18）。

圖 2-18 市場平穩圖

▶3. 下降趨勢

在下降趨勢中，會有一系列的
更低的高價點和更低的低價點（見
圖 2-19）。

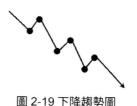

圖 2-19 下降趨勢圖

▶4. 如何確定一個趨勢

趨勢線是圖表分析人員使用的一種最簡單又最實用的
工具。

只需要簡單地畫一條趨勢線：

在上升方向上，你必須連線更高的低價點。

在下降方向上，你必須連線更低的高價點。

圖 2-20 為歐元兌美元的 2017 年 11 月至 2018 年 2 月的 4 小時趨勢圖，透過連線更高的低價點我們看到兩條上升趨勢線。

圖 2-20 歐元兌美元 2017 年 11 月至 2018 年 2 月的 4 小時趨勢圖

圖 2-21 為黃金兌美元的日線走勢圖，2012 年 9 月至 2013 年 6 月的空頭走勢，我們透過連線更低的高點得到三條不同角度的下降趨勢線。

圖 2-21 黃金兌美元的日線走勢圖

　　趨勢線不僅能幫助我們確定修正期的臨近點，更重要的是它預示了趨勢的改變。同樣延續前圖的黃金兌美元的走勢，趨勢線畫好後，當我們把圖表往後拉時，前面畫的趨勢線依然延續到後面的圖表中。我們可以從圖 2-22 中看到，當 2013 年 7 月突破最下邊這條下降趨勢線後，遇到中間這根下降趨勢線，匯率依然沿著圖 2-21 的下降趨勢線延續著下降趨勢。

圖 2-22 趨勢線示意圖

　　上升趨勢線提供市場狀況下可以買進區域的範圍。下降趨勢線可以作為阻力區來幫助交易者作一個賣單。

　　只要趨勢線不互相違背，它就可以用來確定買賣的區域。如果趨勢線被違背或斷開，那麼這是一個很強的預示，市場趨勢可能發生轉變。

▶ 1. 不穩定的趨勢

如果一條趨勢線十分陡峭，說明價格移動地太快，這種趨勢不會長久。這種趨勢線的斷裂可能預示著趨勢線回到更具持續性的斜率上。如果一條趨勢線非常平坦，可能預示著上升趨勢太弱不值得信任（見圖 2-23）。

圖 2-23 重要趨勢線折斷示意圖

重要趨勢線的折斷可能是一個轉折的訊號。它不一定預示趨勢轉折，它只預示趨勢的改變。它可能是一個平穩模式的開始，然後或者逆轉以前的趨勢，或者繼續以前的趨勢。

從大的時框來看，也同樣有這樣的趨勢，圖 2-24 為黃金兌美元 2015 年 5 月至 2016 年 2 月的日線走勢圖，期間發生兩個大的陡峭的走勢，我們注意到，越陡峭越不穩定，其持續性值得我們觀察再確認。對於交易來說，這樣的走勢有著非常重要的提醒作用。這就是定義帶來的好處，可以讓我們在繁雜的

市場面前有判斷的基石和決策的錨點。圖中如果繼續空單將會
面臨非常大的損失的可能，特別是第二波的多頭轉勢。

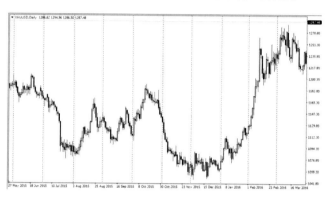

圖 2-24 黃金兌美元 2015 年 5 月至 2016 年 2 月的日線走勢圖

▶ 2. 穩定的趨勢

趨勢如果漸進穩定，那麼它持續的可能性就較大（見圖
2-25）。

圖 2-25 趨勢漸近穩定示意圖

職業交易者總是在漸進穩定的趨勢中入場。

圖 2-26 為歐元兌美元 2018 年 8 月 16 日到 2018 年 8 月 30 日的 1 小時 K 線圖，市場處於漸近穩定的梯度結構中。

圖 2-26 歐元兌美元的 1 小時 K 線圖

▶ 3. 平穩模式

平穩模式也出現在價格圖表中。這些價格圖可以歸為不同的類別，它們可以幫助我們預測價格的走向。

圖 2-27 是英鎊兌日元的 1 小時走勢圖，時間為 2018 年 7 月 27 日至 2018 年 8 月 9 日，可以觀察到市場處於平穩的狀態要比處於趨勢的狀態多，但是平穩模式的發展顯示出結構式的重心下移，「平穩 —— 趨勢 —— 平穩 —— 趨勢 —— 平穩 —— 趨勢」這樣的循環，這樣的走勢模式可以幫助我們預測價格。

圖 2-27 英鎊兌日元的 1 小時走勢圖

市場走向的兩種模式即轉折模式和持續模式。轉折模式
預示著重要的轉折在發生,持續模式預示著市場正在調整自
己,最終回到以前的趨勢。

轉折模式通常需要更多的時間來形成,它表示重要的趨勢
改變。持續模式需要的時間相對較少,所以也被稱作短期模式。

▶ 1. 轉折模式

一個重大趨勢的結束是任何一種轉折模式的前提條件。
市場一定是先有趨勢後有轉折。了解一些模式在趨勢結構上
最有可能出現的位置是一種很重要的辨別趨勢的方法。

(1)雙頂模式

雙頂模式成形於延長的上升趨勢之後,是一種重要的轉
折模式。就像它的名字表達的,這種模式由兩個持續的大致
相同的峰頂組成,峰頂之間有一個適度的谷底(見圖 2-28 和
圖 2-29)。

　　雙頂模式看起來像字母「M」，兩次最高值可被視為阻力點。

圖 2-28 M 形雙頂模式示意圖 1

圖 2-29 M 形雙頂模式示意圖 2

　　現在，我們來看一下 2017 —— 2018 年歐元兌美元的雙頂模式或者是加強版雙頂模式的案例。

　　圖 2-30 為歐元兌美元的日線圖，我們看到自 2017 年 10 月開始一波上升趨勢後，在 2018 年 1 月形成了第一個高點，而後 2018 年 2 月的高點在碰到 1 月的高點時回落，形成頂部走勢，隨後 3 月和 4 月的高點均沒有挑戰 1 月高點的能量，再次確認這兩處的高點形成阻力點並組成了阻力區域。這是一個典型的雙頂走勢，或者說是加強版的雙頂結構，匯率在 2018 年 4 月 20 日後形成轉折走勢。

圖 2-30 歐元兌美元的日線圖

（2）雙底模式

　　雙底模式成形於延長的下降趨勢之後，是一種重要的轉折模式。就像它的名字表達的，這種模式由兩個持續的大致相同的波谷組成，波谷之間有一個適度的峰頂（見圖 2-31）。

　　雙底模式看起來像字母「W」，兩次最低值可被視為支撐點。

圖 2-31 雙底模式示意圖

圖 2-32 是 15 分鐘級別的 K 線圖,同樣我們可以應用於更大的時框,如日線圖。

圖 2-3215 分鐘級別的 K 線圖

圖 2-33 為黃金兌美元的日線圖,我們可以看到 2015 年 10 月一波下降趨勢到達 1060 區域,在 11 月和 12 月形成了

「W」的雙底形態，而後匯率在 2016 年 1 月形成對底部區域
的突破，開啟了一波轉折的趨勢。

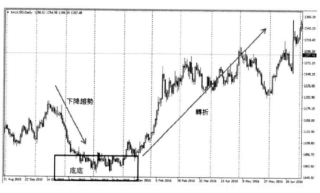

圖 2-33 黃金兌美元的日線圖

（3）頭肩頂模式

頭肩頂模式是指上升趨勢後的轉折。

上升到一個頂點然後下降。

之後，價格上升並超過之前的頂點然後又一次下降。

最後，價格再次上升但低於第二次的頂點，然後再一次
下降。

每次上升到頂點後回落的低點可以連線成一條支撐線或
頸線（見圖 2-34）。

頭肩模式被認為是最可信的趨勢轉折模式。

圖 2-35 為歐元兌美元的日線圖，2017 年 10 月啟動的上
升趨勢在 2018 年 1 月形成第 1 個高點，此時還無法判斷是否
為階段頂部，隨後匯率回落到前一平穩區形成一波上漲回撤

走勢，在 2018 年 2 月連續挑戰 2018 年 1 月的高點失敗，形成一個阻力和支撐區域，再一次確認頸線的支撐作用。同時我們看到期間有 2017 年聖誕節和 2018 年元旦，市場在這一區域整理震盪，沒有方向，直到 2018 年 4 月突破頸線形成轉折，開啟了一波下跌走勢。

圖 2-34 頭肩頂模式示意圖

圖 2-35 歐元兌美元頭肩頂模式示意圖

（4）頭肩底模式

頭肩底模式有時也被稱為倒頭肩模式。

價格下降至一個谷底然後上升。

之後，價格下降到低於前一個谷底然後上升。

最後，價格再次下降，但不會低於第二個谷底。

理想的狀況是，兩個肩應該等寬等高。兩個谷底之間的高點可以連線成一條阻力線，也叫頸線（見圖 2-36）。

投資者通常在價格上升突破頸線的阻力時買多。

圖 2-36 頭肩底模式示意圖

圖 2-37 為歐元兌美元的日線圖，2012 年 5 月開啟的一波下降趨勢在 2012 年 6 月和 7 月形成了肩頭肩的底部結構，匯率也在 8 月突破了頸線，開啟了一波持續 4 個月的上漲趨勢。

圖 2-37 歐元兌美元的日線圖

▶ 2. 持續模式

（1）矩形模式

矩形模式是一個平穩區形成的持續模式。對此模式的辨認在於它的兩個相近高點和兩個相近低點。高點間和低點間的連線可以形成矩形的兩條邊。矩形模式有時也被稱作平穩區、整合通道或擁堵區（見圖 2-38 和圖 2-39）。

在圍起來的區域內，也就是矩形模式內，市場參與者猶豫不決，市場進行整合。我們從這個模式的形成中可以看到價格對支撐點和阻力點的測試。在價格的來回反彈中，機智的交易者會在接近支撐點時買入，在接近阻力點時賣出。

牛市或熊市的影響終會有一方削弱，勝出的另一方會在突破中顯現。在此要強調，矩形沒有偏見。只有當一方突破了支撐點或阻力點後才可以清楚地看出哪一方勝出。一旦市

場突破了平穩期，不管哪個方向，都可以認為趨勢會在突破
的方向上繼續。

圖 2-38 上升趨勢矩形示意圖

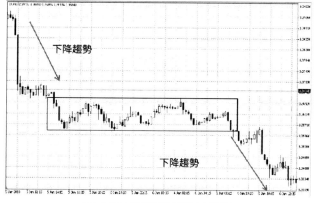

圖 2-39 下降趨勢矩形示意圖

圖 2-40 是黃金兌美元 4 小時 K 線圖。圖中擷取了 2018
年 12 月 9 日至 2019 年 2 月 12 日的圖表。

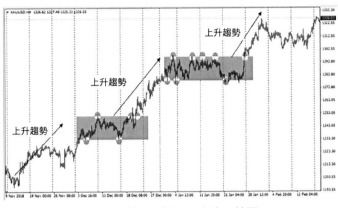

圖 2-40 黃金兌美元 4 小時 K 線圖

（2）三角形模式

三角形模式通常是持續模式，但有時也表現為轉折模式。下面先講對稱三角形模式。

對稱三角形模式通常是持續模式，但有時對稱三角形模式標誌著重要的趨勢轉折。它表示現行趨勢的一個停頓，停頓過後，之前的趨勢會重新啟動。如果之前的趨勢是上升，那麼三角形模式整合後的趨勢也更傾向於上升（見圖 2-41）。如果之前的趨勢是下降，那麼對稱三角形模式可能預示著一個熊市趨勢（見圖 2-42）。

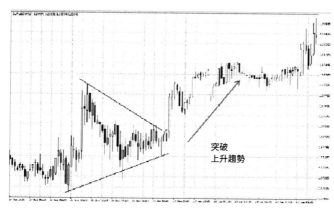

圖 2-41 對稱三角形模式示意圖 1

圖 2-42 對稱三角形模式示意圖 2

　　升序三角形模式和下降三角形模式是對稱三角形模式的變體，但有著不同的預測指示。

　　升序三角形模式預示著買方比賣方更積極，可以被看作牛市模式，通常此模式會突破上升（見圖 2-43）。

圖 2-43 升序三角形模式示意圖

　　一般升序三角形模式會在上升趨勢中出現而且經常被看作一個持續模式。但是在下降趨勢的底部看到升序三角形模式也不是不常見。即使是這種情況，此模式也可被看作牛市模式。對阻力線的突破可以被看作牛市的訊號。升序三角形模式和降序三角形模式都可被稱作直角三角形模式。

　　圖 2-44 是黃金兌美元的 1 小時 K 線圖，我們可以看到 2017 年 2 月 20 日到 2017 年 2 月 22 日，連續在 1238.84 附近形成高點，對這一系列的高點連線，得到一條阻力線，另外透過圖表中的圓點可以看到底部的圓點在不斷地創出更高的低點，匯率在 2017 年 2 月 23 日突破 1238.84 的阻力位，形成了一波向上的趨勢。

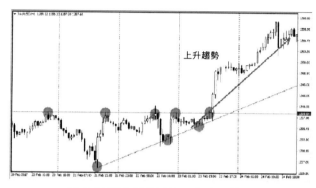

圖 2-44 黃金兌美元的 1 小時 K 線圖

降序三角形模式示意圖（見圖 2-45）。

圖 2-45 降序三角形模式示意圖

　　降序三角形模式就是升序三角形模式的鏡面圖，通常被看作熊市模式。這個模式表示賣家比買家更活躍，而且通常會發展為下降趨勢。

　　降序三角形模式會是持續模式，通常在下降趨勢中出現，但是在頂部形成降序三角形模式也不是不常見。當這種

模式出現在頂部時，它並不難辨認。在這種模式中，突破支撐線後可能會是一個向下的轉折趨勢。

　　圖 2-46 是黃金兌美元的 4 小時 K 線圖，匯率由 2018 年 5 月 11 日的高點下降到 2018 年 5 月 16 日的 1290.00 水準，市場沿著 1290.00 連續震盪，那我們得到 1290.00 的整數線，但匯率在 2018 年 5 月 21 日下探突破 1290.00 到達 1285.00 水準後，快速回到了 1290.00 上方，我們繼續視 1290.00 位為真實水準線。隨著匯率的發展，透過圖得標出的圓點，可以看到匯率在測試 1290.00 的支撐位，透過連線得到了兩條下降趨勢線，但是匯率在 2018 年 6 月 14 日形成一波突破後，快速回到了 1290.00 的水準，我們判斷這一波為假突破，隨後匯率在 2018 年 6 月 15 日連續兩根 4 小時級別的大 K 線突破了 1290.00 支撐位，形成了一波下降趨勢。

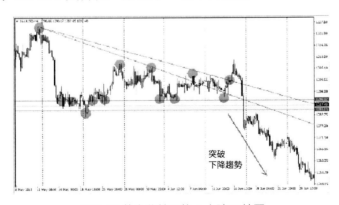

圖 2-46 黃金兌美元的 4 小時 K 線圖

　　在上面的圖表中，我們可以看到市場行情並不是一成不變的，需要注意的一點是所有的模式都不是永遠正確的。它們大多數情況下都正確，但並不總是正確的。我們無法預測市場未來的發展，只能透過已知的價格來判斷。上面所闡述的結構模式也並不是唯一可以套用的，我們需要理解這一模式背後的多空力量的轉換。標誌可能是整數位，也可能是多次觸及的高點或低點形成的阻力位或支撐位，或者可能是一個阻力帶，還可能是一個支撐帶。技術分析人員應該一直保持警惕，密切關注那些預示他們分析錯誤的符號。在金融市場生存的一項關鍵技能是使交易損失減少，盡快地退出失利的交易。快速識別錯誤交易並及時採取保護措施的能力是不可忽視的。

　　平穩的特點：

　　①大而波動的平穩區（見圖 2-47）。

　　不可預測。

　　沒有清楚的市場走向。

　　有許多假的突破。

　　高度用來測量模式的穩定性。寬度是指建立模式需要的時間。模式大，就是說價格在模式內波動大（波動性）。模式建立的時間越長，模式就越重要。

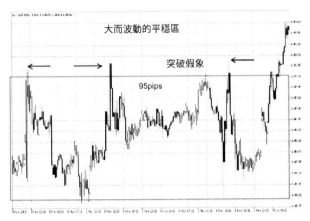

圖 2-47 大而波動的平穩區示意圖

②小而穩定的平穩區（見圖 2-48 和圖 2-49）。

它是可預測的。

它是有結構的。

趨勢的追隨者總是尋找小而穩定的平衡去預測下一個突破趨勢。

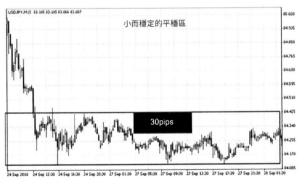

圖 2-48 小而穩定的平穩區示意圖 1

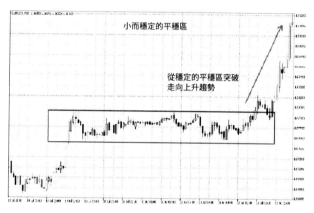

圖 2-49 小而穩定的平穩區示意圖 2

支撐位和阻力位

　　這是在外匯交易中最應該了解的一對技術分析要素。我們需要精通支撐位和阻力位的識別、畫出、應用。如果只讓我留下一樣分析技術，我會留下支撐位和阻力位。

　　如果我們在一個房間裡用力將一個網球砸向地面，網球將在這個空間裡不斷碰撞天花板和地面，阻止其上升的天花板就是阻力位，讓其反彈的地面就是支撐位。

　　支撐位是指當市場行情下跌受到越來越大的買家買入的壓力時的價位，這意味著當市場行情到了支撐位時，它很有可能向上反彈而不是繼續下跌。可是如果市場行情突破了支

撐位繼續下跌，那麼市場行情下跌期可能延長至下一個支撐
位的出現。

　　阻力位是指當市場行情上升受到越來越大的賣家賣出的
壓力時的價位，這意味著當市場行情到了阻力位時，它很有
可能向下反彈而不是繼續上升。可是如果市場行情突破了阻
力位繼續上升，那麼市場行情上升期可能延長至下一個阻力
位的出現。

　　支撐位和阻力位受到的檢驗越多，支撐位和阻力位就越
牢固。與較小時段（15 分鐘，5 分鐘）的支撐位和阻力位相
比，較大時段（一天，4 小時）的支撐位和阻力位更牢固。

　　如果支撐位被突破，那麼它會成為新的阻力，反之亦
然，阻力位被突破後會成為新的支撐位。

　　圖 2-50 是英鎊兌美元 15 分鐘 K 線圖。圖中擷取了 2018
年 4 月 9 日到 2018 年 4 月 11 日的圖表。我們將會看到有些
高點不斷地被觸及。有的原先是阻力位，現在變成了支撐
位，有的原先是支撐位，現在變成了阻力位。市場行情就像
網球在一個多層的房間裡上下跳躍一樣，形成了一個結構化
的波動形態。

　　開啟 MetaTrader4 平臺，任意選擇貨幣對和時框，都可
以看到行情的波浪式運動。我們嘗試將其高點和低點用水準
線畫出來，將相鄰的高點和低點連線。

圖 2-50 英鎊兌美元 15 分鐘 K 線圖

　　我們也可以標出支撐位和阻力位，這樣可以一目了然（見圖 2-51）。要真正了解支撐位和阻力位，是需要畫線的，沒有捷徑。就是不斷地畫，不斷地識別，不斷地練習，從靜態的圖表到動態的圖表，不斷地練習，練就條件反射一般的反應。

　　練習的最高境界 —— 不假思索。

圖 2-51 阻力位和支撐位示意圖

　　圖 2-52 是黃金兌美元的 1 小時 K 線圖，自 2017 年 4 月 12 日至 2017 年 4 月 26 日，中間的虛線間隔為 1 天，即 1 天 24 根 1 小時 K 線。我們沒辦法看出市場的執行規律。

圖 2-52 黃金兌美元的 1 小時 K 線圖

現在，同樣是圖 2-52，在圖表上畫上支撐位和阻力位，我們再回來看一下市場的結構（見圖 2-53）。

你可以看到這 5 條水準線上都有 3 個或 3 個以上的圓點，每一個圓點都代表著阻力位或支撐位，同樣說明這條水準線代表著阻力位或支撐位。市場行情的波動就在阻力位或支撐位的轉換中行進。透過這樣的標識，相較於前一張沒有標識的行情，我們可以得到更多的資訊為交易作參考。

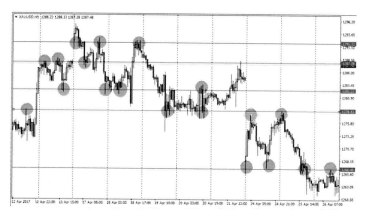

圖 2-53 畫上水準線和支撐位、阻力位的黃金兌美元的 1 小時 K 線圖

如果向左拖動圖表，我們可以看到在 2017 年 5 月 1 日（見圖 2-54 豎線標識 2017.05.01 17：00）向下突破支撐區域後，形成了一波下降趨勢，匯率從 2017 年 5 月 1 日的 1264.00 水準下降到 2017 年 5 月 4 日的 1228.00 水準，持有空單將獲利豐厚。因此我們建議，可以邊看書邊對照圖表，加深對阻力位和支撐位的理解。

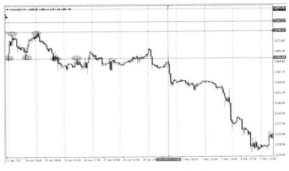

圖 2-54 支撐位、阻力位示意圖

　　阻力位和支撐位是我們在外匯交易中最應該了解的一對技術分析要素，我們需要精通支撐位和阻力位的識別、畫出、應用。下面介紹的是特別的支撐位與阻力位 —— **趨勢通道**。

　　圖 2-55 和圖 2-56 均為歐元兌美元的 K 線圖，前面談的是水準的阻力位和支撐位，這裡畫的是上升趨勢通道的阻力位和支撐位，我們可以看到在阻力位和支撐位有著潛在的買多賣空的交易區域。

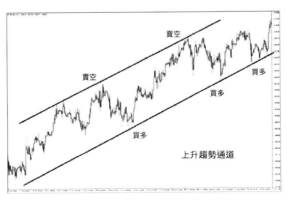

圖 2-55 歐元兌美元上升趨勢的 K 線圖

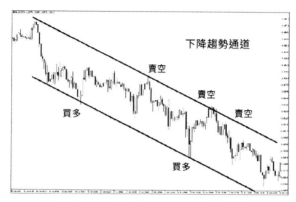

圖 2-56 歐元兌美元下降趨勢的 K 線圖

2.6 多種時框

　　一些最常見的抱怨是當交易者做交易時，交易太早止損或行情不向交易者期望的方向發展。還有一些情況，一個交易者認為市場行情在一個趨勢上，而另一個交易者認為市場平穩。有可能這兩個交易者都是正確的，只因他們觀察的是不同的時框。

　　業餘的交易者只會看一個時框進行交易。但專業的交易者總是看多個時框，或更小的時框如 15 分鐘，因此，在他們決定做單前，他們可以獲得完整的關於市場動向的畫面。

　　一個潛在的趨勢可能在 15 分鐘內結束，因為它接近了一個較大時框的支撐位或阻力位。一個較大時框的支撐位或

阻力位通常比較小時框的支撐位或阻力位重要。交易者可以在考慮較大的時框後，透過觀察和理解，及早推出他們的交易。

　　總體上，交易者需要研究分析較大時框和較小時框的組合，將較大時框和較小時框組合進行分析，相互印證。

　　一個小的時框的趨勢可能是一個大的時框的平穩。

　　一個小的時框的平穩可能是一個大時框的大趨勢的回撤點。

　　現在，重新再讀這兩句話。

　　一個小的時框的趨勢可能是一個大的時框的平穩。

　　一個小的時框的平穩可能是一個大時框的大趨勢的回撤點。

　　看你是不是有新的理解。

　　較大的時框和較小的時框有著不同的效能。

　　較大時框：市場方向的長期走向；趨勢、轉折或平穩。

　　較小時框（15 分鐘，5 分鐘）：識別出準確的入場點。

　　現在我們用圖表來對下面這兩句話進行解釋。

　　一個小的時框的趨勢可能是一個大的時框的平穩。

　　一個小的時框的平穩可能是一個大時框的大趨勢的回撤點。

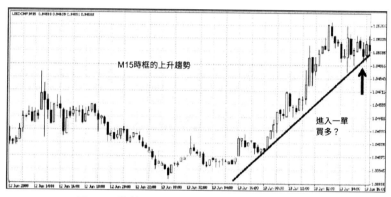

圖 2-57 為美元兌瑞士法郎 15 分鐘的 K 線圖。

　　透過圖 2-57，我們在 M15（15 分鐘）時框級別中看到了上升趨勢，匯率回落到上升趨勢線上，在這裡是否可以產生做多的機會？行情繼續發展，我們從圖 2-58 中看到，匯率在圖中箭頭這一區域震盪整理，隨後一根陰線突破了上升趨勢線，形成了市場轉折。

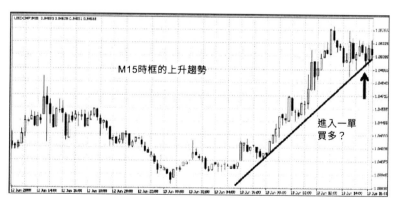

圖 2-57 美元兌瑞士法郎 15 分鐘的 K 線圖

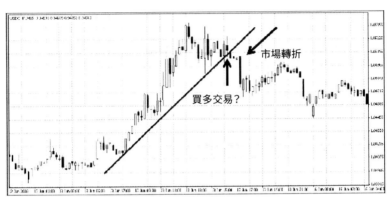

圖 2-58 市場行情轉折示意圖

現在我們透過更大的時框，4 小時級別的 K 線圖，如圖
2-59 所示，再次分析圖 2-57 和圖 2-58 所產生的潛在的交易
機會。圖 2-57 和圖 2-58 所畫的上升趨勢線，只是 4 小時級
別的 K 線圖的平穩區的頂端。市場行情在 4 小時級別的 K 線
圖上整理震盪。

圖 2-59 市場行情平穩震盪

同樣選用歐元兌瑞士法郎，我們看到市場行情在箭頭位置突破了 15 分鐘時框的平穩區（見圖 2-60）。

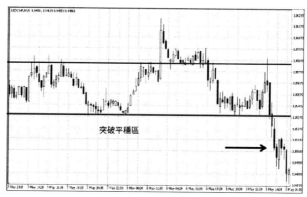

圖 2-60 市場行情在箭頭位置突破了 15 分鐘時框的平穩區示意圖

我們發現，15 分鐘時框的平穩區域正處在 1 小時時框的平穩區域頂端（見圖 2-61）。同時處於 15 分鐘和 1 小時時框的頂端，這時產生的潛在空單交易獲利的機率將會大增。

圖 2-61 15 分鐘時框的平穩區域正處在 1 小時時框的平穩區域頂端示意圖

現在，我們看到 M15（15 分鐘）時框，H1（1 小時）時框，H4（4 小時）時框，D1（1 天，即 24 小時）時框，W1（1 周）時框，將當前的行情走勢放入由較大時框和較小時框組成的分析框架中，我們可以看到市場行情全景的發展。

我們可以這樣表達，M15 的上升趨勢正處在 H4 的下降趨勢中，H1 的下降趨勢正處在 H4 的下降趨勢中。清晰地表達不同時框級別的市場行情走勢，是技術分析不可或缺的。

在 H1 時框的平穩區市場行情走勢如何？

圖 2-62 為美元兌瑞士法郎 H1 時框的平穩區。

圖 2-62 美元兌瑞士法郎 H1 時框的平穩區走勢圖

面對著市場行情走勢處在 H1 時框的平穩區，接下來的市場行情走勢如何呢？

現在有一個解決的方法：我們可以用更高級別的時框去觀察，如圖 2-63 所示。

圖 2-63 美元兌瑞士法郎的 H4 時框趨勢圖

透過圖 2-63，美元兌瑞士法郎的 H4 時框圖，我們可以看到圖 2-62 所處的位置在 H4 時框的上升趨勢中。因此，我們會在上升趨勢中尋找潛在的做多機會。

畫出 1,000 幅技術分析圖

事實上，如果沒有畫過 1,000 幅技術分析圖，你很難體會支撐位與阻力位及支撐位與阻力位轉化的微妙。打磨自己的圖表分析方法，使其形成一個自然而然的、不需要思考的

直覺反應。畫趨勢線、支撐阻力線、矩形、三角形,設定好一個時間段,無論如何都要畫 1,000 幅。

圖 2-64 為歐元兌美元 2017 年和 2018 年的日線走勢圖,我們先從這裡開始,將 2017 年、2018 年的行情圖表的支撐線與阻力線、矩形、整數位、趨勢通道線在圖表得標識出來,直接畫在圖表上。

圖 2-64 歐元兌美元 2017 年和 2018 年的日線走勢圖

做好這分作業我們需要熟練應用 MetaTrader4 平臺裡提供的兩個工具:

①工具路徑:選單欄→插入→圖形→矩形/橢圓形。

②

請把這兩個分析工具放入我們的分析工具箱,了解各個功能的使用,畫法和用法如果忘記了,那麼請重新讀一次本章內容。

準備好工具後,建議優先完成下面的畫圖作業,然後再拓展其他內容。

　　畫圖作業的 3 個貨幣對：歐元兌美元（EURUSD）、美元兌日元（USDJPY）、黃金兌美元（XAUUSD）。

　　畫圖作業的 3 個時框：1 天的時框（D1）、4 小時時框（H4）、1 小時時框（H1）。

　　畫圖作業的 3 個工具：矩形、支撐位、阻力位。

　　在交易市場中越久，就越覺得「少即多」。這些經過時間檢驗的技術分析方法值得我們花時間去打磨，成為你的交易工具箱中最重要的工具，但不要過分追求精確，過分擬合反而得到結果失真。如果你完成了上面的這個作業，你可以體會到，技術分析只是技術分析，這是交易進階之路的第一步，也是扎實的一步。

　　我覺得追求「聖盃」的意義更在於追求聖盃的過程，不斷精進，不斷昇華。練習的過程和交易的過程，其實是一個心靈昇華的過程，是一場自己與自己較量的過程，是不斷超越自我、克服人性弱點的過程，這也就是「聖盃」的意義。

　　現在：需要你交一個作業，就是你畫出的 1,000 幅技術分析圖。

　　1,000 幅！

　　1,000 幅！

　　1,000 幅！

第 3 章
建構交易窗口

　　這個交易的窗口就是我們了解世界的窗口，開啟交易平臺，市場的全景就呈現在你的面前。但很多新手交易者常常認為這是在和電腦做交易。試想一下，我們在淘寶購物，是在和電腦做交易嗎？不是，我們是在和淘寶商家做交易，是透過電腦和電腦背後的人做交易，透過電腦感受產品和服務的品質，感知商家的熱情和專業度。

　　我們打造的這個交易窗口是數據採集的窗口，猶如設定數據監測裝置，透過圖表觀察電腦背後的人群和這個人群的市場交易行為。採集交易大數據，分析市場交易行為，直接影響到對市場交易行為的應對決策，同時這個採集數據的窗口還要不斷更新，更新疊代。

　　另外，我們每天有很長時間與這個介面接觸。想像一下，我們坐在自己的交易室當中，每天 8 小時的時間，這個窗口將直接影響你的交易品質和交易體驗。更為重要的是，這個設定將直接影響你的交易，值得我們認真對待。

　　如果這個理由還不能讓你重視起來，現在給你一個重要的理由 —— 好的交易機會會從螢幕中跳出來，向你招手。

　　交易我吧，我在這裡！

　　工欲善其事，必先利其器，請將打造你的交易窗口更新到最高等級的關注度。

設定 MetaTrader 平臺的圖表組合

　　當我們搭建好自己的交易室後，本書引用的交易平臺均為 MetaTrader4。開啟 MetaTrader 交易平臺，是不是見到這樣的預設圖形（見圖 3-1）。

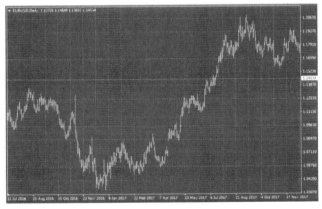

圖 3-1MetaTrader 交易平臺圖

　　所以設定 MetaTrader 交易平臺組合介面就等於設定你自己的私有領地。

　　設定遵循介面簡單明瞭的原則。

　　這個窗口就是我們了解世界的窗口，我們每天有很長時間與這個介面接觸，如每天 8 小時的時間、它值得我們認真對待。更為重要的是，這個設定將直接影響你的交易。想像

一下，我們坐在自己的交易室當中，開啟交易平臺，市場的
全景就呈現在你的面前，所以設定交易介面成為重中之重，
這個將直接影響你的交易感受。

　　如果這個理由還不能讓你重視起來，現在給你一個重要
的理由 —— 好的交易機會會從螢幕中跳出來，向你招手。交
易我吧，我在這裡！交易我吧，我在這裡！交易我吧，我在
這裡！

　　因此，我們不希望受到太多外界的干擾，第一個干擾就
是顏色。點選圖表的屬性，我們可以看到圖 3-2 這個選項。
在書中為了清晰印刷，選擇了黑白組合。

圖 3-2 設定交易窗口截圖

　　在實際交易中，推薦選擇黑綠組合（見圖 3-3）。因為在長時間的螢幕使用過程中，黑綠組合有助於緩解眼睛的壓力，特別是在晚上的交易時段，黑綠組合不會那麼刺眼，現在流行的黑夜模式也是這樣的。如果 MetaTrader 平臺能像蘋果 MacOS Mojave 那樣，隨著時間的變化，改變螢幕顏色的變化，我也會毫不猶豫地選擇這樣一套顯示方案。在圖表的屬性選項中，可以自定義設定背景、前景、網格、陽柱、陰柱、陽燭、陰燭、折線圖、成交量、買價線、止損價格，也可以選擇預設的設定，但有一個建議就是買價線和止損價格的那個顏色一定要與背景色有非常強烈的對比度，這樣才能不費力地、清晰地看到。

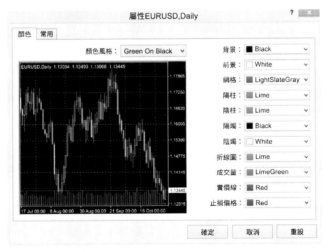

圖 3-3 黑綠組合交易窗口示意圖

選擇最喜歡交易的貨幣對

　　交易中最為活躍的貨幣是美元（USD），歐元（EUR），日元（JPY），英鎊（GBP），瑞士法郎（CHF），澳元（AUD），加元（CAD）。這 7 種貨幣是外匯交易的主要貨幣，其他貨幣是外匯交易的次要貨幣。

　　按照交易量大小的不同，我們可以對貨幣對進行排序（見表 3-1），交易時優先選擇排在前列的貨幣對。

表 3-1 交易量大小不同的貨幣對次序

交易品種	賣價	買價
⬇ USDCHF	1.00649	1.00670
⬆ GBPUSD	1.28423	1.28447
⬆ EURUSD	1.13411	1.13427
⬆ USDJPY	112.857	112.880
⬇ USDCAD	1.31404	1.31426
⬇ AUDUSD	0.71280	0.71298
⬇ EURGBP	0.88296	0.88320
⬆ EURAUD	1.59086	1.59109
⬇ EURCHF	1.14149	1.14181

　　4 個貨幣對的同一介面的平鋪組合，如圖 3-4 所示。

圖 3-4 4 個貨幣對的同一介面的平鋪組合示意圖

圖 3-4 中， 將 EURUSD、USDJPY、GBPUSD、XAUUSD 的日線圖組成一組觀察窗口。如果有多個螢幕，那麼可以多追蹤幾個貨幣對，但不建議多過 8 個貨幣對即 2 個螢幕組合。

假設你最喜歡交易的貨幣對是 EURUSD，根據交易策略，選擇合適的時框組合（見圖 3-5）。

可以選擇 H1、H4、D1、W1 或 M15、H1、H4、D1 組合，如果你的螢幕足夠大，那麼可以多選擇幾種。這樣你可以看到市場的全景，多時框的組合，將有助於更客觀的分析，在很多交易帳號中，很多失敗的原因都是因為反趨勢交易，沒有看到市場的大方向。

圖 3-5 貨幣對的不同時框組合

　　追蹤觀察的四大貨幣對組合表和最喜歡交易的貨幣對的不同時框組合，形成了市場的全景圖和從小到大的不同層次的立體市場，給了我們多角度觀察和分析市場一個非常客觀的視角。

　　圖 3-6 為並列的兩個螢幕，將追蹤觀察的貨幣對組合與最喜歡的貨幣對不同時框的組合約時呈現在我們的工作視野，我們需要適應這樣的螢幕組合方式，一開始會有不太適應的可能。猶如 GPS 定位系統需要至少兩個衛星才能達到定位的功能一樣，貨幣對不是孤立的，就算我們只交易一個貨幣對，但我們也需要相關聯的貨幣對的校正資訊，正如上面所說，形成市場的全景圖和從小到大的不同層次的立體市場，給了我們多角度觀察和分析市場一個非常客觀的視角。

圖 3-6 並列的兩個螢幕

　　因為貨幣對是互相關聯的，有些貨幣對是正相關效應，有些貨幣對則是負相關效應，我們可以從上面的螢幕組合中發現很多有價值的資訊。

▶ 1. 正相關效應

歐元兌美元（EURUSD）與英鎊兌美元（GBPUSD），就呈正相關效應，拉出歷史圖表就可以看到它們相似的走勢。

圖 3-7 為歐元兌美元（EURUSD）與英鎊兌美元（GB-PUSD）的日線走勢圖，我們觀察圖表中的時間軸，同為 2018 年 1 月 2 日 0：00，上下對應，走出相似的市場圖形。

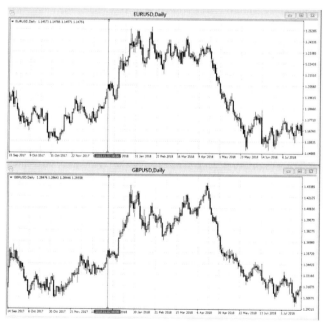

圖 3-7 歐元兌美元（EURUSD）與英鎊兌美元（GBPUSD）的日線走勢圖

▶2. 負相關效應

歐元兌美元（EURUSD）與美元兌日元（USDJPY），就呈負相關效應，拉出歷史圖表就可以看到他們相對的走勢。

圖 3-8 為歐元兌美元（EURUSD）與美元兌日元（USD-JPY）的日線走勢圖，我們觀察圖表中的時間軸，同為 2018 年 1 月 2 日 0：00，上下對應，走出像照鏡子一樣對稱的市場圖形。

圖 3-8 歐元兌美元（EURUSD）與美元兌日元（USDJPY）的日線走勢圖

當然，有時短期走勢也不像圖中的這麼明顯，但貨幣對
之間的相關性，給了我們非常理想的觀察角度，當一個潛在
的交易機會出現時，可以看下關聯度比較強的貨幣對，再確
認這個潛在的交易機會。

為什麼應該有一個最喜歡交易的貨幣對

雖然有這麼多的貨幣對可以供我們選擇，但在這裡，你
應該有一個最喜歡交易的貨幣對。

在課堂上或私訊上收到過許多來自初期交易者的諮商，
其中的一個普遍問題是詢問交易的最佳貨幣對是什麼。當然
這個主題並不完全是關於最佳貨幣對的，在這裡，我們談談
為什麼應該有一個最喜歡交易的貨幣對。換句話說就是，這
是一個你非常熟悉的貨幣對，你交易它的頻率高於其他貨
幣對。

擁有一個你最熟悉的貨幣對，可以幫助你成為這個貨幣
對交易的專家，而專家將是賺錢最多的人之一（想想外科醫
生、律師、職業運動員等）。我們不必只交易一個貨幣對，
但我建議關注一小部分關聯度高的貨幣對，並擁有一個你最
喜歡交易的貨幣對。可能是出於顯而易見的原因，生活在英
國的人可能會支持英鎊兌美元，生活在日本的人可能會支持

美元兌日元。

我喜歡交易的貨幣對是英鎊兌美元（GBPUSD）和交叉貨幣對英鎊兌日元（GBPJPY）。它們在我們亞洲時區的最佳交易時間段內。我們可以交易歐洲的下午盤和美洲的上午盤。

為什麼我要建議你擁有最喜歡交易的貨幣對？因為這樣可以讓你創造交易優勢。

我們都知道，實踐和重複是在任何事情上取得巨大成功的基礎條件。顯然，英鎊兌美元（GBPUSD）的交易大師應該是實踐並專注於該市場的交易者，而不是交易其他貨幣對的交易者。相信你一定會認同，腦外科醫生，他或她去醫學院，是專攻腦部手術，而不是想學習 10 種不同的外科技能。如果他們不這樣做，他們就不會是腦外科醫生。如果不專注，職業高爾夫球手不會成為職業高爾夫球手，其他人也一樣。在任何專業領域，想要取得成功，我們都必須花費大量的時間進行實踐。

你越專注於一件事，你就會做得越好，這是你應該擁有最喜歡交易的貨幣對的主要原因。不要去分析並交易 20 個不同的貨幣對。當然你不必只交易一個貨幣對，但你應該擁有一個更熟悉和更專注的貨幣對。這也將幫助你了解該貨幣對何時處於波動狀態，何時處於趨勢狀態，何時處於整理狀態。

　　我之前已經說過了，我會再說一遍，你在分析市場時處理的變數越少，你就會做得越好。專注於一個貨幣對並擁有一個最喜歡交易的貨幣對是對過度交易和過度分析的自然威懾。

　　從長遠角度來看，大多數交易者都會面臨虧損，因為他們的交易太多了。顯然，如果你關注的是一個貨幣對而不是 20 個貨幣對，那麼你的交易會少得多。另外，對一個貨幣對的價格行為和波動狀態有深入了解，也將有助於你了解整個市場。由於許多貨幣對是相關的，如果你知道一對正在做什麼並且你對它非常熟悉，那麼它將幫助你更容易理解你所關注的其他貨幣對。

　　擁有一個最喜歡交易的貨幣對也有助於你保持專注和清醒。試圖分析許多不同的貨幣對很可能會導致你變得不知所措和困惑，還會導致不良交易、勉強交易或者直接虧錢。

　　不熟悉的不做是我的建議，擁有一個最喜歡交易的貨幣對，讓它成為你交易的基礎。如果你想新增一些其他主要貨幣對，你也可以這樣做。但是，我強烈建議你在一開始就與一個貨幣對建立密切關係。我個人只將 6 個貨幣對放在顯示器上進行追蹤，而且我有一個最喜歡交易的貨幣對，同時也關注一些影響世界經濟的主要市場的股票指數、油價、波羅的海指數等。

　　分析許多不同貨幣對的交易者往往最終都過度利用自

己，他們同時進行多個不同貨幣對的交易。由於貨幣對的相關性，這其實是一件危險的事情。除非你在同時交易的多個貨幣對中劃分你的整體風險值，否則沒有一種「安全」的方式可以同時在多個貨幣對中開設多個倉位。因為貨幣對的相關性，交易多個貨幣對可能會放大虧損或者對沖利潤。

這種方式 —— 擁有一個最喜歡交易的貨幣對，尤其是在一個流動性很高的外匯市場，可以幫助你控制風險。如果你只交易一個貨幣對，那麼你不太可能過度使用你的帳號。

想像一下，你只看一個貨幣對。當然，你不必這樣做，但讓我們使用一個假設的場景。如果你只開啟一張圖表並且這是你曾經看過的唯一貨幣對，你認為這樣減少市場誘惑的程度有多大？大多數交易者都因交易頻繁而損失資金，所以如果你只是限制你所看到的貨幣對數量，那麼你將大大減少過度交易的誘惑，從而大幅降低賠錢的機會。

因此，我們推薦你追蹤觀察的貨幣對組合為 EURUSD / USDJPY / GBPUSD / XAUUSD，最多不要超過 8 個，即兩個螢幕組合。

另外再說一個理由，或許一個理由就夠了。

1. 點差，點差的因素在長期的交易中會變得非常重要，不能忽視這個因素的影響。同樣的 1 手，點差為 2 點和點差為 6 點的差距是很大的，20 美元和 60 美元，如果你一年交易量達 1,000 手，就是 2 萬美元和 6 萬美元的區

別了。交叉貨幣對的一個顯著的特性就是點差非常大。這也是我選擇非交叉貨幣對的原因。

2. 在書中的其他部分也有提及，貨幣對應的是國家或地區，而我們選擇的這 4 個觀察貨幣對對應的是美國、歐元區、英國、日本，它們是世界上主要的經濟體。然後，我們又加入了 XAUUSD（黃金兌美元），這是因為黃金是世界公認的避險貨幣，它已經脫離了貴金屬的範疇。

第 4 章
建構交易號誌

　　你的交易訊號是怎麼產生的？你會採用或信任什麼樣的交易訊號？MetaTrader 交易平臺自帶 30 個指標，有趨勢指標、震盪指標、成交量、比爾威廉姆四大類，這裡講述如何打造交易號誌，使用技術指標的組合。

　　很多外匯的交易者都有股票交易的經驗，有些交易者會進入一些失誤。以加權移動平均線為例，在股票中是預設組合，5，10，20，30，60，120，250，但在 MetaTrader 交易平臺上是需要自己設定的。因此，想要得到一個比別人反應更靈敏的指標，追求快人一步的想法，可以設定成 3，8，17，25，48，110 這樣的組合，但這樣就有些誤解了技術指標的意義所在了。記住：所有指標的演算法都是基於價格本身的，大部分的指標畫線都是基於不同時框的收盤價算出的，還沒有收盤，就存在重新畫線的可能。所以，也不要怪指標，明明發出了交易訊號收盤時交易訊號卻消失了。還有一種可能，兩種不同的技術指標同時發出兩種不同方向的交易訊號。

　　學習使用指標就像學習一門外語一樣。你得自己沉浸其中，不要害怕犯錯，不斷練習以達到運用自如的境界，本書選取 MetaTrader4 交易平臺上最為常用且具有指示意義的技術指標，由震盪指標和趨勢指標結合，供大家測試參考，理解指標的設計思維。注意：書中的引數和程式碼僅供測試學習之用，並未對其可靠性進行長時間的測試驗證，若在實戰

中使用請先在模擬帳號中進行測試。另外，這個技術指標組合併不是具體的使用方法，而是給出最為原始的視角。

技術指標的原形

　　太多的書都在介紹如何開發出繁雜的應用模型。在交易領域，複雜並不是一個受歡迎的特性。無論技術指標是什麼形式，我們都不能忽略了技術指標本來的面目。理解了這一點，我們需要觀察在電腦的眼裡技術指標是什麼樣子的？

　　所有的技術指標都是以價格為基礎的，所有的情緒指標都是以多空訂單為基礎的。

　　這是設定原始指標的意義，看下電腦眼裡的技術指標和我們可能應用的價值。

　　布林通道技術指標 Bollinger Bands

　　移動平均線指標 Moving Average

　　拋物線狀止損和反轉指標 Parabolic SAR

　　相對強弱指標 Relative Strength Index

　　隨機震盪指標 Stochastic Oscillator

　　Bollinger Bands 屬於趨勢指標，判斷市場運動趨勢的指標，用來確定支撐位、阻力位、反轉訊號等（見圖 4-1）。

圖4-1 布林通道技術指標示意圖

【用法】

1. 價格突破 Bands 上線時，預示著漲勢的開始。

2. 價格突破 Bands 下線時，預示著跌勢的開始。

3. 價格回歸到上下線之間，且突破中心線，預示市場趨勢不明朗。

【語法】

double iBands(string symbol,inttimeframe,intperiod,intdeviation,intbands_shift,intapplied_price,intmode,int shift)

　a. symbol 指定貨幣對，NULL 為預設當前貨幣對。

　b. timeframe 時間週期，0 為當前時間週期。

　c. period 計算平均週期。預設選 20。

　d. deviation 偏差。預設選 2。

　e. bands_shift 平移量。預設選 0。

f. applied_price 應用價格。預設最低價 PRICE_CLOSE。

g. mode 返回讀數，MODE_UPPER 為上線，MODE_LOWER 為下線，MODE_MAIN 為中間線。

h. shift 指定柱值，0 為當前柱，1 為前一個柱，以此類推。

【程式碼】

iBands（NULL,0,20,2,0,PRICE_CLOSE,MODE_MAIN,0）

iBands（NULL,0,20,2,0,PRICE_CLOSE,MODE_LOWER,0）

iBands（NULL,0,20,2,0,PRICE_CLOSE,MODE_UPPER,0）

它屬於趨勢指標，通常以 3 條不同週期的線組成一個指標體系（見圖 4-2）。

圖 4-2 移動平均線指標示意圖

【用法】

1. 價格小於 28、14 線時，跌勢可能形成，可做空。

2. 價格小於 28、14、7 線時，保持跌勢，可做空或繼續持有空單。

3. 價格執行至 7、14 之間，空單平倉，觀望。

4. 反之亦然。

5. 不同的貨幣對、不同的時間週期組合，引數設定不同。

6. 增加長線的數值 120，250。

【語法】

double iMA(string symbol,inttimeframe,intperiod,intma_shift,intma_method,intapplied_price,int shift)

a. symbol 指定貨幣對，NULL 為預設當前貨幣對。

b. timeframe 時間週期，0 為當前時間週期。

c. period 平均線週期，通常選 7、14、28。

d. ma_shift 偏移量，預設選 0。

e. ma_methodMA 方法，通常選 MODE_EMA。

f. applied_price 應用價格。預設選收盤價 PRICE_CLOSE。

g. shift 指定柱值，0 為當前柱，1 為前一個柱，以此類推。

【程式碼】

iMA(NULL,0,7,0,MODE_EMA,PRICE_CLOSE,0)

iMA(NULL,0,14,0,MODE_EMA,PRICE_CLOSE,0)

iMA(NULL,0,28,0,MODE_EMA,PRICE_CLOSE,0)

它屬於趨勢指標，給出一個市場趨勢結束或者開始的訊號（見圖 4-3）。

圖 4-3 拋物線狀止損和反轉指標示意圖

【用法】

1. SAR 值低於價格水準，市場處於漲勢，反之處於跌勢。

2. 該指標過於敏感，需要其他指標配合。

【語法】

double iSAR(string symbol,inttimeframe,doublestep,double maximum,int shift)

a. symbol 指定貨幣對，NULL 為預設當前貨幣對。

b. timeframe 時間週期，0 為當前時間週期。

c. step 步長，通常為 0.02。

d. maximum 最大值，通常為 0.2。

e. shift 指定柱值，0 為當前柱，1 為前一個柱，以此類推。

【程式碼】

iSAR(NULL,0,0.02,0.2,0)

它屬於震盪指標，反映市場買賣強度（見圖 4-4）。

圖 4-4 相對強弱指標示意圖

【用法】

① RSI 值超過 70，市場處於超買階段，低於 30，市場處於超賣階段。

② RSI 值為 30 至 70 時，市場按照 RSI 方向發展。

③同時使用兩個或三個不同週期的 RSI 曲線判斷市場反轉訊號也是一種常見的做法。

【語法】

double iRSI(string symbol,inttimeframe,intperiod,int ap-plied_price,int shift)

a. symbol 指定貨幣對，NULL 為預設當前貨幣對。

b. timeframe 時間週期，0 為當前時間週期。

c. period 平均週期，通常為 14。

d. applied_price 應用價格，通常為 PRICE_CLOSE。

e. shift 指定柱值，0 為當前柱，1 為前一個柱，以此類推。

【程式碼】

iRSI(NULL,0,14,PRICE_CLOSE,0)

它屬於震盪指標，又叫 KD 指標，提供買賣訊號（見圖 4-5）。

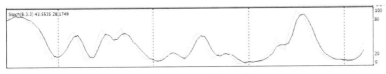

圖 4-5 隨機震盪指標示意圖

【用法】

①可使用神奇數字做檢測。

②兩線低於 20，再回升到 20 以上，做多。

③兩線高於 80，再回落到 80 以內，做空。

④ %K 高於 %D 線，做多。

⑤ %K 低於 %D 線，做空。

【語法】

double iStochastic(string symbol,inttimeframe,int %Kperiod,int %Dperiod,intslowing,intmethod,intprice_field,intmode,int shift)

a. symbol 指定貨幣對，NULL 為預設當前貨幣對。

b. timeframe 時間週期，0 為當前時間週期。

c. %Kperiod %K 週期，通常為 14。

d. %Dperiod %D 週期，通常為 7。

e. slowing 滾動值，通常為 7。

f. method MA 方法，通常選 MODE_EMA。

g. price_field 價格參量，可以是 0 - Low/High 或者 1 - Close/Close。

h. mode 指標型別，通常為 MODE_MAIN 或 MODE_SIGNAL。

i. shift 指定柱值，0 為當前柱，1 為前一個柱，以此類推。

【程式碼】

iStochastic(NULL,0,14,7,7,MODE_EMA,1,MODE_MAIN,0)

技術指標的組合

初期的交易者都非常在意追求並嘗試新奇的技術指標，會因某一天得到一個新的技術指標而沾沾自喜，就像已經得到帳號上的收益一般。所以，我們是否已經看到了，這類交易者的目標不是為了帳號上的收益，而是為了滿足自己尋找的滿足。好吧！無論說過多少次，重複過多少遍，有多麼

地煩人，我還是要重複一次，我們的交易目標是帳號上的收
益，而不是其他。

在上一章，我回答了什麼是我最喜歡交易的貨幣對。在
這一節，我將回答什麼是我最喜歡的技術指標。如果你已經
有很多的指標在手，並且這些指標透過了你的測試驗證，那
麼這一章我們應用這些技術指標的組合，一起組建一個實用
的交易系統。

你一定會非常好奇，我最常用的技術指標是什麼？

布林通道技術指標 Bollinger Bands

移動平均線指標 Moving Average

隨機震盪指標 Stochastic Oscillator

就這 3 個？是的，就是這 3 個。

圖 4-6 就是歐元兌美元（EURUSD）的日線圖，現在將
這 3 個技術指標新增到圖表中。我們可以看到在上方的圖表
中的布林線軌道、兩條移動平均線，下方是隨機震盪指標。

圖 4-6 歐元兌美元（EURUSD）的日線圖

第一步：開啟 MetaTrader4 平臺，選擇交易品種→歐元兌美元（EURUSD）→圖表視窗，我們就可以看到系統預設的黑綠風格的圖表視窗，請參照前面的介紹調整圖表視窗的設定。在書中因印刷需要，選擇的是黑白風格。

第二步：選擇路徑，選單欄→插入→技術指標→趨勢指標→ Bollinger Bands（布林通道技術指標），如圖 4-7 所示。

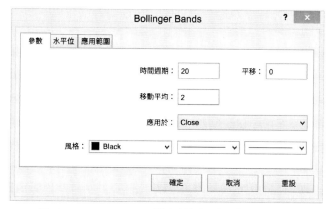

圖 4-7 MetaTrader4 平檯布林通道技術指標的設定

布林通道技術指標 Bollinger Bands，選擇預設引數，確定即完成設定。

第三步：選擇路徑，選單欄→插入→技術指標→震盪指標→ Stochastic Oscillator（隨機震盪指標），如圖 4-8 所示。

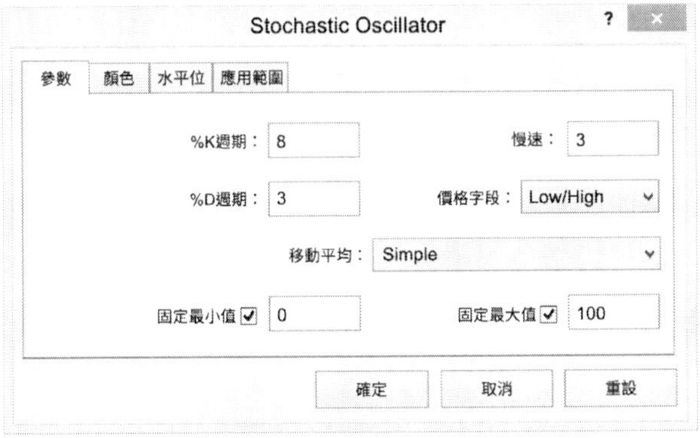

圖 4-8MetaTrader4 平臺隨機震盪指標的設定

隨機震盪指標 Stochastic Oscillator，選擇預設引數，確定即完成設定。

第四步：選擇路徑，選單欄→插入→技術指標→趨勢指標→ Moving Average（移動平均線指標），如圖 4-9 所示。

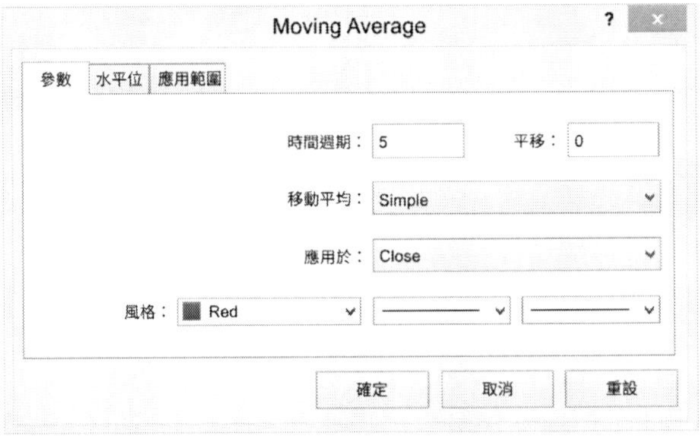

圖 4-9 MetaTrader4 平臺移動平均線指標的設定

　　移動平均指標 Moving Average 的設定視窗需要對時間週期、移動平均的這兩項引數進行設定，以得到我們想要的結果。在例子中的圖表，選擇的時間週期引數是 120 和 250，如果對應到日線圖，就是 120 日均線和 250 日均線，對應到 1 小時圖，那就是 120 小時均線和 250 小時均線。請參照圖 4-10 進行設定，時間週期選項為 120 或 250、移動平均選項為 Exponential。這裡要重複兩個步驟，以完成 120 和 250 的引數設定（見圖 4-10）。

圖 4-10 時間週期為 120 和 250 的設定示意圖

現在我們就可以得到圖 4-11 這樣的圖表視窗了。

圖 4-11 設定完成後的示意圖

我們選擇布林通道技術指標、移動平均線指標、隨機震盪指標組成交易號誌，如果沒有對指標進行權重級別的分類，我們將無所適從，所得到的交易訊號數據就無法進行處理，行情依然處於無法解讀的狀態。不同權重各司其職，是組合的原則。

移動平均線指標：圖表中選擇 120 和 250 的設定引數，大家已經知道如果基於日線圖，那麼 120 日為半年線，250 日為年線，它們的作用是讓我們看到行情的大方向，價格在兩根均線上方則優先交易潛在的做多機會，價格在兩根均線下方則優先交易潛在的做空機會。

布林通道技術指標：圖表中選擇的是預設的引數。使用布林通道技術指標主要考慮兩個方面：價格在布林線中位置（上軌、中軌、下軌）和布林線的收斂與發散。布林線收斂

且價格在中軌震盪，表示行情處於平穩期；布林線發散且價格沿上軌或下軌運動，則表示行情處於上升或下降趨勢期。

隨機震盪指標：圖表中選擇的是預設的引數。隨機震盪指標這個名字非常貼切。在這個交易系統中，它的核心功能就是確認交易訊號。在前面指標分析裡就提到，核心就是兩個確認條件。第一，兩線低於 20，再回升到 20 以上，做多；第二，兩線高於 80，再回落到 80 以內，做空。值得注意的是，隨機震盪指標的核心功能是確認，是在前兩個指標產生了交易訊號後才發生作用的，其他時間就讓它隨機震盪去吧，沒有太大的參考意義。

例 4-1

圖 4-12 為歐元兌美元 15 分鐘 K 線圖。

圖 4-12 歐元兌美元 15 分鐘 K 線圖

圖 4-12 為歐元兌美元（EURUSD）的 15 分鐘 K 線圖，透過圖表我們可以看到匯率在 2018 年 8 月 1 日 10：45 和

2018 年 8 月 1 日 15：45 連續兩次被 120 均線和 250 均線壓制，隨後的 4 根 15 分鐘 K 線均為空頭走勢，這時產生了潛在的做空機會，同時我們觀察到隨機震盪指數也高於 80 且交叉向下，我們確認做空訊號，我們在 1.16770 位置進場做空，匯率一直繼續空頭走勢，在 2018 年 8 月 2 日 12：45 達到 1.16080 水準，潛在的獲利空間達 690 點。

例 4-2

圖 4-13 為歐元兌美元 1 小時走勢圖。

圖 4-13 歐元兌美元 1 小時走勢圖

圖 4-13 為歐元兌美元（EURUSD）的 1 小時走勢圖，透過圖表我們可以看到匯率在 2017 年 11 月 20 日時站上了 120 和 250 均線，隨後在 2017 年 11 月 21 日和 22 日處於震盪走勢，布林線也隨之收斂，匯率在 120 和 250 均線處多空膠著，處於平穩期，這時並沒有什麼交易機會。2017 年 11 月 22 日 16：00，匯率回撥後在 120 均線處大陽線突破，產生了一個

潛在的做多訊號，同時我們觀察到隨機震盪指標也交叉向上確認做多訊號，我們在 1.17750 位置進場做多，匯率一直繼續多頭走勢，在 2017 年 11 月 24 日 18：00 達到 1.19000 水準，潛在的獲利空間達 1250 點。

例 4-3

圖 4-14 為歐元兌美元（EURUSD）的日線走勢圖。

圖 4-14 歐元兌美元（EURUSD）的日線走勢圖

透過圖 4-14 我們觀察到匯率自 2017 年 4 月 21 日跳空並連續 15 天站上 120 和 250 移動均線，我們知道匯率站上 120 和 250 移動均線時，要觀察潛在的做多的交易機會。匯率在 2017 年 5 月 12 日回撤後再次向上出現多頭走勢。這裡產生了一個潛在的做多交易訊號。交易號誌在閃爍，這時我們觀察到隨機震盪指標正在從 20 交叉向上，確認了這個潛在的做多交易訊號。我們在 1.09770 的位置選擇做多，匯率一直延續多頭走勢，到達 2017 年 8 月 2 日 1.18500 水準，潛在的獲

利空間達 8,730 點。

這是一組由布林通道指標、移動平均線指標、隨機震盪指標組成的交易號誌。我們將這 3 個技術指標的權重進行了分級，第一級為移動平均線指標，採用的 120 和 250 引數讓我們分清市場的多空狀態，簡單的原則是站在移動平均線上方交易做多機會，處於移動平均線下方則交易做空的機會。這個簡單的交易原則在交易中有著非常大的指導意義。第二級為布林線的三條軌道和布林線的收斂與發散，分清當前的市場運動狀態是平穩期還是趨勢期。當這兩步篩選過後產生的潛在交易機會，由第三級的隨機震盪指標去確認。確認潛在的交易訊號後，我們就可以選擇做多或做空的交易。

在交易的過程中，有一個重要的技術指標使用指南：不要過分追求精確，不要過分擬合。模糊的精確讓交易系統有容錯的空間。這 3 個技術指標權重不同，各司其職，對確認潛在的交易訊號有篩選價值，實踐證明這是一組合格的交易訊號組合，請每一位讀者去測試驗證，最後應用於自己的交易中，打造自己的交易號誌。

第 5 章
建構篩選器

市場是人的集合，我們不是在和電腦做交易，而是在和電腦背後的人做交易。這是系統交易的三正維度「正人」的觀點。科學技術的發展使得我們可能就是在和螢幕背後的電腦做交易，也就是和設計該交易程式的人做交易。認識技術指標的邏輯特性和設計思維，有助於我們建立規範的交易系統。

K.I.S.S 法則

選擇技術指標組合時，我們遵循的原則就是 K.I.S.S 法則，即 Keep It Simple Stupid。

簡單性是在金融市場中長期獲利不容忽視的因素。

你可能已經嘗試過在某些時候使用複雜的或昂貴的交易方法，然後意識到它們沒有按你的想法工作。或者你對最新且最好的程式指標感到興奮，這些指標可能在交易論壇中得到了很多關注。你只知道這個會發揮作用，因為它的回報看起來非常高，你迫不及待想要嘗試一下，最後這個基於指標的方法並沒有像你預期的那樣有效，但是這個新方法看起來更有意義，所有人都強烈推薦，這真的讓人很迷茫。

許多交易者都有過類似的經歷。他們認為，透過嘗試足夠多的交易系統和外匯指標，他們最終將會遇到那個自動獲

取市場利潤的指標。正是這種信念導致許多交易者一次又一次地吹噓他們的帳號，最後卻發現自己充滿了挫敗感和困惑。這可能就是外匯市場中的「尋找聖盃」的傳說。許多交易者仍然認為只要找到一個很好的交易系統或指標，他們就可以坐下來觀看資金滾動。事實是，交易中沒有「免費午餐」，任何完全系統化的東西都不會成為外匯交易的真正有效方式，因為市場不是一個有規律的靜態實體。它由人類的情緒驅動。人類對特定事件的情緒反應各不相同，特別是當他們的錢在交易的時候。試著回想一下，有訂單和沒有訂單的時候，你的情緒有什麼不一樣。

　　雖然幾乎所有的交易者都會說他們想讓交易變成一個簡單的過程，但他們卻以完全錯誤的方式進行交易。一旦你放棄找到一個適用於所有市場條件的完美的技術指標的想法，交易就會變得簡單。市場是人的集合，又複雜又不穩定，永遠不會被一個軟體程式碼或一套機械式交易規則支配。

該怎麼「保持簡單」

　　如何讓外匯交易變得簡單？實際上很簡單，停止尋找下一個「完美」的交易系統，並只看圖表上的價格欄。透過學習在原始的「裸圖」上閱讀 K 線走勢，同時結合上一單交易

學習交易技能和應用技術指標，隨時開啟平臺的圖表，無須藉助任何指標，你都可以發現市場處於什麼狀態。

交易方法為你提供了一種了解日常市場變動的方法，無論市場怎樣波動，交易系統都是一套嚴格的規則。

像喬治·索羅斯、傑西·李佛摩（Jesse Livermore）和華倫·巴菲特（Warren Buffett）這樣的著名交易者如何在市場上賺到數百萬美元（和數十億美元），他們不是透過複雜的交易軟體，而是透過對其交易的各個市場中的價格動態和市場條件的認識而形成的主觀的市場視角。

專業外匯交易者都有一個共同點，他們保持交易盡可能地簡單，因為他們知道他們需要一種平靜而清晰的心態來賺錢。然而，大多數初期交易者和許多經驗豐富但不成功的交易者透過實施一系列嚴格的基於指標的交易規則，採取完全相反的方法來交易。他們讓它盡可能地複雜化，在不知不覺中使交易變得無比複雜和困難。

在圖 5-1 的圖表中，我們可以看到一個沒有指標的乾淨簡單的價格行為圖表。你無須藉助任何指標就可以發現行情處於什麼狀態，震盪中還是趨勢中。

圖 5-1 沒有指標的價格行為圖表

在圖 5-2 的圖表中，我們可以看到圖表非常雜亂，有許
多指標會讓你感到困惑並分散你對價格行為的注意力。

圖 5-2 有指標的價格行為圖表

　　如果對外匯交易中的簡單性力量尚不清楚，那麼上面的圖表應該會讓你更加明顯地感覺到簡單性的力量。我看到很多初期的交易者試圖用圖 5-2 的圖表進行分析並交易，並附上所有自認為有價值的指標。我可以和你打個賭，很多交易者使用的圖表比圖 5-2 還要多。

　　身為人類，我們似乎天生就傾向於使最簡單的交易部分（圖表分析和尋找交易機會）變得比它需要的更加困難和複雜。一旦你接受了圖表分析並不困難的事實，它將幫助你更清楚地關注交易中更困難的方面，如保持紀律和妥善地管理風險。不要像其他交易者那樣浪費大量的時間和金錢試圖找出一堆亂七八糟的不同指標和交易機器人，堅持使用 K.I.S.S 外匯交易原則，你將看到能夠獲利的交易不需要複雜化。請閱讀完本章，回去看看用 3 個技術指標組合打造的交易號誌，感受一下簡單的力量。

　　學習分析市場的自然語言，不要忘了，K 線本身就是一個技術指標，這樣的認識能讓你在交易成功的道路上走得更遠。

第 6 章
建構行為資料庫

交易日誌是每一位職業交易者必需的工具之一。

如果你決心成為一名交易者，並且在交易之路上一路精進，那麼你必須去記錄你的交易行為、追逐你的成長進度。關於這一點，記錄交易日誌無疑是最好的方法。

很多交易者都只是將自己的精力和熱情放在希望能夠快速獲利的僥倖心理上，對真正冷靜地觀察市場，對如何建立能夠確保自己穩定營利的交易計畫、交易策略、交易心理反而不予關注，並頻繁地進行情緒化交易，很難耐心地等待「進出有據」的入場和出場時機。如何提高交易的效率？我們要做好交易紀錄，「計劃你的交易，交易你的計畫」無疑是最好的選擇。

為什麼要記錄交易日誌

如果每個星期你都會收到一分列印的報表，顯示你這一星期的交易情況。顯示的內容涉及交易的時間、貨幣對、持倉時間、交易勝率、每筆交易的平均盈虧、連續獲利單數、連續虧損單數、多空單比例，虧損單的持倉時間、盈利單的持倉時間、最大利潤額、最大虧損額，每天的交易頻率、每天的交易時段、每天交易的貨幣對。我們會發現，原來交易績效的統計有這麼多的單項數據，由此產生的第一個好處就

是讓我們破除了交易只是買和賣的初級理念。

如果你沒有辦法從外界得到這樣一分數據，那麼最好的方法就是自己動手記錄交易日誌。我們可以記錄每天對於貨幣對的圖表分析、潛在的交易訊號、每一筆的交易決策及在交易中體驗到的情緒。如果你了解這一切，就可以慢慢剔除一些無助於獲利的交易行為，只交易屬於自己風格的交易機會。

你會為「每天記錄太麻煩了」付出代價

交易日誌就是這樣的工具，它不是從一個事後評論的角度，而是從記錄當下的角度來學習交易，它是與市場同步發展的。不同時間的交易紀錄使交易者有不同的感悟，從不同的角度散發交易者的能量，讓不同的人有不同的收穫。

真傳一句話，假傳萬卷書，交易紀錄比任何指標、系統或技術工作都要重要。再好的交易系統都有漏洞，但是嚴謹的交易紀錄能讓你找到它們並修補漏洞。絕大部分交易者都向外尋求所謂的「交易聖盃」，殊不知少部分成功的交易者已經發現原來自己就擁有「聖盃」。記錄自己的交易日記，交易紀錄就是自己的聖盃，聖盃是由自己創造的，而不是從外面尋找的。

在外匯交易中，最重要、最容易被人忽視、最難以做到的就是「交易止損」。如果你有記錄交易日誌的習慣，可以透過持有虧損單的時間長短和是否調整初始止損的行為來判斷自己是不是一個合格的交易系統執行者。因為「交易止損」才是交易者最重要的「聖盃」，「交易止損」的執行不能僅僅停留在人的意識層面，它需要經過不斷的訓練，得到加強。

身為交易者，我們一定要讓「交易止損」進入我們的血液、深入我們的骨髓，成為我們生命的一部分。

交易日誌的作用

試想一下，你現在已經記錄了 52 週的交易紀錄，記錄了 250 個交易日，假設平均每天交易 4 筆，那麼就累積了 1,000 次交易行為的數據。一條數據並不代表什麼，但 1,000 條交易行為的數據將會是交易技術進化的寶藏。大部分人是沒有這樣的數據的，因為每一筆都是自己的親身體驗和經歷，你已經繪製了屬於你自己的「交易 K 線」，這是多麼了不起的事情。現在你可以清楚地知道你獲利的情景、虧損的情景，你最佳的交易時間、你最喜歡的貨幣對、你獲利最多的貨幣對、你的最大虧損、你的最大獲利、你的連虧紀錄、你的連

贏紀錄,同時你也知道影響干擾你交易狀態的因素,知道交易管理的不僅是金錢,還管理著你的時間,管理著你的精力,管理著你的注意力。

這是一項充滿能量的工作 —— 統計。

記錄交易日記能夠限制我們的衝動交易,這是很多記錄交易日誌的交易者的一個感悟。過多的行動就是盲動,盲目腐蝕我們的精神、迷失我們的心智、損耗我們的金錢、讓我們損金折銀。華爾街投機天才《股票作手回憶錄》(*Reminiscences of a Stock Operator*) 的作者傑西·李佛摩說過,盲目而頻繁的交易是造成華爾街投資者虧損的主要原因,他賺大錢的祕密就是他常常只是靜靜地坐著……還記得嗎?走進你的交易室,好的交易機會會從螢幕中跳出來,向你招手。

交易我吧,我在這裡!

這就是等待的力量,交易日誌能夠讓我們保持耐心、保持專注!

交易日誌都記錄哪些東西

交易日誌的記錄項目如下。

交易準備:當天的新聞概覽、追蹤觀察的貨幣對的市場走勢、是否有潛在的交易機會。這個準備還包括身體、情緒

等方面的狀況，昨晚是否喝了酒或者情緒是否受到挑戰。

　　交易對象：這部分很單純，記錄你所買或賣的貨幣對。我希望知道自己比較擅長做多還是做空，因此同時記錄了買和賣的方向。了解這方面的個人喜好，應該有助於我們以後的交易。

　　交易時段：因為外匯交易是 24 小時循環進行的，所以選擇交易時段反而變得非常重要。有些交易者在每天的特定時間內，交易績效特別理想。有些交易者喜歡在美國時段交易，但在亞洲時段的情況就變得很糟。這些都是交易日誌能夠透露給我們的東西，亞洲時段、歐洲時段和美國時段的市場有著不同風格的活躍度。交易日誌可以幫助你判斷自己更適合哪個時段交易，從而讓你運用這方面的優勢。

　　交易動機：交易動機可能是交易日誌紀錄的最重要的內容之一。對於所進行的每筆交易，如果都能把進場理由清楚寫下來，一段時間之後，我們的交易技巧必定會顯著提升。身為一名系統交易的執行者，我很清楚地知道很多交易背後並沒有明顯的動機，可能純粹是因為好久沒下單了想嘗試一下。我們必須要解釋每筆交易的進場理由，避免一些無謂的交易。在交易結果的自我評價上，區別合理和不合理的交易是一項重要的工作。

　　盈虧結果：應該隨時了解交易的平均盈虧程度，而不單單是盈虧結果，把這些數據記錄下來分析，才可能會發現盈利的交易獲利是 50 點，而虧損交易的損失卻高達 150 點。

如果看到這類情況，你需要判斷自己是否執行了風險管理規則，是否受不了獲利誘惑而有點利潤就出場，而出現虧損時卻一直希望市場反轉。除非看到一串數據，否則根本不知道問題的存在。

　　系統交易者：如果你採用某種交易系統，務必記錄你違背交易訊號而進行的交易，它可以幫助我們了解自己是否比系統更高明，為以後更新交易系統收集數據，或者告誡自己嚴格執行規則。

　　圖 6-1 是我建議的交易日誌範本，為交易提供簡化版記錄示範。

___年___月___日 星期___的交易日誌				情緒指數：☆☆☆☆☆			
今日交易準備（身體、情緒、新聞、市場狀態分析）				今日注意：重要經濟指數的時間			
買／賣	開倉時間	進場位置	止損位置	獲利位置	平倉時間	持倉時間	結果
貨幣對							
手數							自我評價
機會等級							
買／賣	開倉時間	進場位置	止損位置	獲利位置	平倉時間	持倉時間	結果
貨幣對							
手數							
機會等級							

圖 6-1 交易日誌範本

　　表格中的左側部分，記錄核心的數據：買／賣、貨幣對、手數、機會等級，在表格中有一定的灰階，可以直接在上面書寫。

　　特別需要說明的一點是機會等級。身為系統交易者，需要對交易機會等級進行判別，建議分為 A 級、B 級、C 級，這樣能更清楚地評估你的交易機會，在交易訊號發出時，能夠讓自己處於理性的判斷中，事先評估。

　　不過不要過度擬合，不能因為最後結果是營利的就改變機會等級的評判。

你能看到的交易進階之路

　　記錄交易日誌，這不僅僅是一分紀錄。

　　這是一分交易贏家的體驗。交易應該是一種人生的享受，而不是折磨；交易應該是人生的一部分，而不應該是人生的全部。就如前面談到的要將「交易止損」融入自己的血液一樣，不停地反思、總結、覆盤，突破贏虧和希望的反覆循環輪迴，從錯誤中學習成功交易的經驗和智慧，在這 1,000 條的交易行為資料中，你看到的是一個新的交易層級。只是單純的記錄是沒有用的，你必須仔細地閱讀，分析自己的長處與短處。只有當自己開始檢討交易績效時，才算踏入交易的真正門檻。知道所謂的失敗或成功，不在於賺還是虧，虧損的交易如果能夠立刻止損出場，就是成功的交易。重新去回顧這些交易時，我會思考當時為什麼採取那種錯誤的行

動，下次如何避免。如果碰到交易非常不順手時，不妨立刻清倉出場讓自己休息。

系統交易的三正維度中的「正己」指出，我們自己才是交易的原點。充滿機遇和誘惑的金融市場，時時刻刻都在撩動人性深處的貪慾。貪、嗔、痴是人性的弱點，我們要懂得控制自己。既然生活中有挫折、有煩惱，就會有消極的情緒。一個心理成熟的人，不是沒有消極情緒，而是善於調節和控制自己的情緒。

金融行業的本質是變化，總是與人性相反。金融市場最不缺乏的就是聰明人，缺的是堅守紀律的贏家，投資應該遵循三條「金科玉律」。

第一條：保住你的本金。

第二條：保住你的本金。

第三條：記住前兩條。

落實這個「金科玉律」，需要交易日誌的紀錄來回溯！

透過你的每一筆交易的紀錄，打造你的交易行為資料庫。在交易日誌的後面有以「週」為單位的每週業績紀錄和每週總結，以「月」為單位的每月業績紀錄和每月總結，讓我們能夠在過去的「一週」和「一月」中得到總結和改進，並讓總結和改進應用於「這一週」和「這一月」。

透過交易日誌先修正自己、再修正交易 —— 你就是市場，市場就是你 —— 外匯交易最不缺乏的就是聰明人，缺的

永遠是堅守紀律的贏家。當熱愛外匯交易的我們看到無數的交易者因為不遵守交易紀律、沒有交易計畫或茫然操作而成為市場的炮灰時,就會感嘆一本能夠伴隨交易生涯的交易日誌是多麼的重要!

讓「交易日誌」伴隨你的交易生涯!

第 7 章
做好周全縝密的交易計畫

凡事豫則立，不豫則廢。

職業交易者絕不會漫無目的地交易，在交易前都會有自己的交易計畫，以幫助自己辨識交易機會，防止追逐行情。交易計畫的目的在於交易者帳號的增值，同時計畫要有預見性。你在哪些市場交易？使用哪些分析工具？入場交易的條件是什麼？資金管理是什麼？需要承擔多少風險？你如何設定止損？你的風險回報比確定在什麼水準？如何實現交易目標？為實現交易目標需要執行什麼紀律？專業的交易者總是像管理生意一樣對待交易。每一項生意都需要一個生意計畫以確保生意在計畫的框架內執行。

現在開始：計劃你的交易，交易你的計畫。

建構交易計畫

再次重複一次：專業交易者總是像管理生意一樣對待交易，每一項生意都需要一個生意計畫以確保生意在計畫框架內執行。

「沒有人會做失敗的計畫，只是沒計劃才會失敗」。有了交易計畫，你就可以記錄下交易的過程，避免那些巨大損失和失誤。

按照下面的步驟，你可以建構出適合自己的交易計畫。

　　你需要用 6 個月到 1 年的時間檢驗你的策略，培養自己運用策略的技能。

　　從檢驗到模擬交易，你需要培養自己過濾分析的方式。這個過程需要多久呢？

　　你計畫在多少個月內在你的模擬帳號上持續地實現幾倍的淨利潤，然後你才會進行實際交易操作？

　　以上列出的過程需要花費 3 個月到 1 年的時間。

　　在開始時，最好同時開兩個模擬帳號。一個帳號用來檢驗不同的策略，做各種實驗並從實驗結果中學習什麼是好的交易、什麼是糟糕的交易。另一個帳號，交易者可以把它當作真實帳號來演練，有選擇地做單，清楚地計劃，使這個帳號獲得最大收益，同時將損失控制在最小範圍。

　　當你進行真實的外匯交易時，你願意為每單資金承擔的風險（%）是多少？

　　1% 或 2%。

　　剛開始，交易者可以先承擔較低的風險，1% 甚至是 0.5%。如果交易虧損，虧損的金額不會很大。在賺取了一定量的利潤後，交易者就有了「緩衝的額外資金」，他們就可以承擔更高的風險，他們可以提高交易風險至 2% 以賺取更多的利潤。

　　外匯交易的起始階段是最重要的階段，需要一直堅持下來。

你每月計劃要賺取的淨利潤百分比是多少？（收入目標設定）依據自己的每月收入目標設定賺取本金的 5% 或 10%。

根據你的風險回報比，如果每月要賺取 5% 或 10% 的利潤，那麼每月需要做多少資金量的交易？

5% 或 10% 的利潤等於多少錢？

假設 5% 的利潤等於 1,000 美元，或者 10% 的利潤等於 5,000 美元。

根據上面的問題，你需要的資金是多少？

為實現上述的利潤目標，你需要的資金量至少為 20,000 美元，或者 50,000 美元。

每天交易開始前你需要在思想上做什麼準備。

你的感覺怎樣？你是不是剛剛吵了一架？你晚上睡得好嗎？你是否剛做了個失敗的交易？交易前如何處理你的負面情緒？

思想上準備好並且做好準備進入交易中。這些準備是為了確保你進入交易後做的決定是基於客觀事實的而不是受情緒影響的，受情緒影響的決定會導致你一連串的鉅額損失。

在一單交易盈利後，什麼時候你再進場？在一單交易虧損後，什麼時候你再進場？

第一個問題是要告訴你，一天盈利多少你就覺得滿意？這是保證你在一單交易盈利後，決定休息，決定停止當天的

交易，防止過量的交易導致你把自己一天賺取的利潤在最後賠光。

第二個問題更加重要，當不成熟的交易者剛經歷到虧損的交易時，他們可能會有「報復市場」的心理，迫切想贏回他們的損失。這會導致過度交易和更大的損失。我們要懂得何時後退，休息一會兒，從交易失利的負面情緒中走出來，重新精神抖擻地進入市場，在下一單交易中盈利。

盈利／虧損交易的詳細資訊可以幫助你將來繼續使用成功的交易模式，而避免那些失敗的交易模式。

資金管理

設想你只有一個交易機會，你有 90% 的可能從中盈利，5% 的可能虧損。如果你贏了，你的資金翻倍，如果你輸了，你會損失掉所有資金。

在這種情況下，你真的可以負擔得起去賭這一把嗎？即使當你的勝率遠大於失敗的機率時？如果你是個很看重機率的人，那麼這可能是個很不錯的打賭，但是等一下，如果你輸了呢？如果你贏之前先輸了一連串呢？

選擇做贏面機率高的交易不是確保交易成功的單一因素。確保你每單交易的風險被限制在較低水準也是同樣重要

的。這也是為什麼要有資金管理的原因。

　　在以下案例中，兩個交易者經歷了連續 19 次交易虧損，一個每單交易損失比例為 2%，另一個為 10%。交易紀錄見表 7-1。

表 7-1 兩個交易者經歷了連續 19 次交易虧損

交易者A	帳戶資金（美元）	虧損2%（美元）	交易者B	帳戶資金（美元）	虧損10%（美元）
1	20000	400	1	20000	2000
2	19600	392	2	18000	1800
3	19208	384	3	16200	1620
4	18824	376	4	14580	1458
5	18448	369	5	13122	1312
6	18079	362	6	11810	1181
7	17717	354	7	10629	1063
8	17363	347	8	9566	957
9	17016	340	9	8609	861
10	16676	334	10	7748	775
11	16342	327	11	6973	697
12	16015	320	12	6276	628
13	15695	314	13	5648	565
14	15381	308	14	5083	508
15	15073	301	15	4575	458
16	14772	295	16	4117	412
17	14477	290	17	3705	371
18	14187	284	18	3334	333
19	13903	278	19	3001	300

　　兩個交易者都從 20,000 美元的資本開始。你可以看到第 10 次交易，交易者 B（每次交易中用他的資本的 10% 來

冒險）比交易者 A 的資本少 50%（7,748 美元對 16,676 美元）。在第 19 次交易中，交易者 B 僅僅只有交易者 A 的資本的 20%（3,001 美元對 13,903 美元）。

我們可以看到在一次交易中，用帳號的 2% 和 10% 來冒險的區別是多麼的巨大。如果一個交易者正好經歷了失敗，一直輸掉 19 次交易，每次他用 10% 的資本冒險，最後資本從 20,000 美元變成 3,001 美元。那意味著輸掉交易帳號 85% 多的資本。然而，如果一個交易者僅僅用 2% 冒險，他在 10 次交易後還會有 13,903 美元，損失掉的是整個帳號資本的 30%。

當然，我們最不願意做的事情就是連輸 19 次交易，但是即使你連輸 5 次，看看用 2% 和 10% 冒險的區別吧。如果你用 2% 冒險，你還有 18,448 美元餘下。如果你用 10% 冒險，你就只剩下 13,122 美元，比你用 2% 冒險連輸 19 次剩餘的資本還要少啊！

這個例子的意義就是要顯示出嚴格的資金管理的重要性，這樣你們即使有了損失期（連輸期間），你也還會有足夠的資本來繼續進行交易。你可以想像輸掉帳號的 85% 嗎？你要賺回剩餘的 566% 才能回到不賠不賺。

你絕對不想到達那種境地。事實上，表 7-2 顯示了如果你輸掉了帳號的一部分資金，要賺回多少才能恢復到起初的資金水準。

表 7-2 恢復到起初資金水準需要的回報率

損失資金	要想恢復到起初資金水準需要的回報率
10%	11%
20%	25%
25%	33%
30%	43%
40%	67%
50%	100%
60%	150%
70%	233%
80%	400%
90%	900%

我們可以看到，輸掉的越多，恢復到原來的資金水準就越難。這就給了你更多的理由讓你盡可能地保護自己的帳號。

記住，在每一筆交易中用你帳號中的一小部分來冒險，你就可能在連輸的災難中生存下來，避免帳號的大筆損失。

資金管理的事實

下面這些事實讓你的盈虧底線有很大的區別。它們只是一些簡單的要素，但它們關係重大。

你輸的錢越多，就越難贏回來。

每單只承擔小比率的風險。

在嚴格的資金管理下，一個交易者可以在市場不利於他的情況下承受得起失誤，他只會損失小額的金錢。

資金管理的目標是在交易者遭遇一連串的損失後，還有機會在下次交易中贏回利潤。

只用你輸得起的錢做交易。

盈利／虧損公式

我們經常會遇到一些在外匯市場中賺取極高利潤的交易者。他們讓一個很小的帳號成長到一個很大的帳號！

單單只是表面上賺取的利潤並不能讓你看到整個畫面。一個交易者為了提高贏的機率，可能要為了較小的利潤去承擔很大的風險。但是，只需要一連串的損失就可以讓他以前的盈利賠盡甚至損失更多。

所以當我們評估利潤是如何賺取時，評估的目標和標準是什麼呢？

答案是風險回報率（一個交易者為獲得一次盈利而願意承擔的損失）。

大體上，如果風險率比回報率高，贏的機會可能會提高。但是從長遠來看，交易者就要贏的單多過輸的單。如果一單輸了，就需要兩單贏才能達到收支平衡。

風險：回報＝ 2:1

風險回報率越低，交易者能承受的損失就越大，同時還能賺取利潤。

風險：回報＝ 1:2

如果一單輸了，下一單贏的交易就能填補之前的損失同時還能賺到一部分利潤。

但是這樣做可能降低贏的機率。

很明顯，冒 500 美元的風險來賺取 250 美元是不明智的。這樣的話，你必須有 70% 的交易獲利。這就會增加你的額外壓力。可以看出，以上兩個例子都有各自的優缺點，如果一個系統的風險回報率是 1:1，你的策略讓你贏的可能達到 55%，長期來看，你就可以以公平一致的方法賺到利潤，甚至贏的百分比可能會低於50%，但是仍然表現出一致的盈利。

風險回報率很重要，必須進行計算。最小的風險回報率建議是 1:2。然而，理想的風險回報率將是 1:1。

接下來我們要計算我們的盈利或者損失，盈利或損失的金額和本金的百分比是多少。貪婪的交易者總是希望以高風險高回報的方式大賺一筆。比如他的風險回報率是 1:1，他冒 10% 的風險，他的回報也是 10%。即使這樣的風險也是很高的。好的資金管理表明每單交易的風險最高不超過 2%。

在資金管理中，有一些關鍵的數據需要計算以確保每單的風險很小。以下所示是一些很重要的因素：止損點／盈利

點（基點）、手數大小、資金規模和基點單位價值。

▶ 1. 計算盈利／虧損

> **手數大小×基點×基點單位價值＝盈利／虧損**

例 7-1

5 個手數，策略是〔200 基點盈利（PT）／200 基點虧損（SL）〕。

5 手數 ×200 基點 ×1 美元＝ 1,000 美元

結果達到 1,000 美元盈利／虧損。

▶ 2. 計算資金的交易風險

> **（虧損／資金）×100％＝交易風險**
> **[(手數大小×基點×基點單位價值)/資金]×100％＝交易風險**

例 7-2

資金 50,000 美元，5 個手數，策略是（200 基點虧損 SL）。

[(5 手數 ×200 基點 ×1 美元)/50,000]×100％ ＝ 2%

交易風險達到 2%。

例 7-3

資金 200,000 美元，10 個手數，策略是（300 基點虧損 SL）。

[(10 手數 ×300 基點 ×1 美元)/200,000]×100％ ＝ 1.5%

交易風險達到 1.5%。

▶ 3. 計算手數大小

[(手數大小×基點×基點單位價值)/資金]×100%＝交易風險[(交易風險/100%)×資金]/(基點×基點單位價值)＝手數大小

例 7-4

計算手數大小，基於 200 基點虧損 SL，5 萬美元（限定於 2% 風險）。

[(2/100)×50000]/(200 基點 ×1 美元) = 5 手數

例 7-5

計算手數大小，基於 200 基點虧損 SL，3 萬美元（限定於 1% 風險）。

[(1/100)×30000]/(200 基點 ×1 美元) = 1.5 手數

2% 交易風險規則

任何運動中都存在進攻和防守，除非你的防守能力和進攻能力都特別好，否則你不太可能贏得很多場比賽。資金管理就是交易中的防守，資金管理就是在保證利益的情況下儲存交易資本，換句話說，就是我們想要留在這個遊戲中。

　　業務失敗的主要因素之一是投資不足，貨幣交易也是如此。必須有足夠的資本來挽救不可避免的損失。如果沒有足夠的資本，你就會變成一個緊張的商人，擔心每一筆損失，總是關注著行情將損失最小化，很難給交易系統一個執行的機會。

　　一個好的交易者在交易中的風險不會超過其總資本的 2%。當你的交易系統可以創造一個贏對輸的比例超過 55% 及以上的比例時，「2% 的交易風險規則」將會幫你遠離問題。

　　2% 交易風險規則是根據進入交易的價格和最初的止損退出價格的差乘以你的交易量大小來計算的。

▶ 1.2% 交易風險公式

帳號額 × 2% ＝ 風險額

　　50,000 美元 ×2% ＝ 1,000 美元

　　當你的資本為 50,000 美元時，你每筆交易的風險最多為 1,000 美元。

▶ 2. 確定手數

　　貨幣對：EUR／USD

　　帳號額：50,000 美元

　　2% 交易風險＝ 1,000 美元

止損＝ 250pips×1 美元＝ 250 美元

手數＝風險／止損

＝ 1,000 美元 /250 美元

＝ 4

即手數＝ 4。

止損

外匯市場是一個變化快的市場。匯率在幾分鐘之內可以移動 100 點甚至更多，尤其是在一個重大事件宣布時。

「總是設定一個止損點」或許能讓你丟掉你所有資本。但你還是要在即時訂單之後或在未決訂單請求期間設定止損點。止損價是一個計算出來的價格，這是一個當市場動向對你不利時幫你退出市場的價格。

止損永遠都不能超過你的最大暴露額。在進入交易或已經建立止損價格後任何人都不應當增加止損。

風險／回報
——隱藏在 MetaTrader 中的資金管理工具

　　我們談了這麼多的資金管理，在這一節中，我將為你提供一個工具，隱藏在 MetaTrader 中的資金管理工具，有時候一個直觀的工具可以讓我們減少思考，這個工具能讓我們直接看到潛在的風險／回報。重要的是，當我們知道了風險／回報的概念後，還要知道如何借用工具，在進入交易之前就了解交易的潛在風險／回報。工具設定本身不僅重要，還能參考現在的市場結構，讓我們習慣從風險／回報的角度來看評估。這個工具是非常有價值的。如果你還沒有這樣做，那麼應該把它當成所有交易機會的潛在風險／回報的最終過濾器，然後再決定是否應該下單冒險，或計劃潛在的獲利出場點。

　　如果你不知道如何在 MetaTrader 上設定並使用風險／回報工具，那麼這一章節對你來說非常重要，相信單單認識這一工具就可以讓你獲益。如果你已經知道如何使用，如何在圖表上應用，那麼我們一起來回顧和複習這個風險／回報工具以及它的應用。

在我們開始之前 —— 當在標題中說「MetaTrader 風險／
回報工具」時，是不是很多人回想不起，在 MetaTrader4 或
MetaTrader5 平臺有這樣的一個工具嗎？事實上，預設情況下
MetaTrader 沒有這樣的工具。你必須透過更改斐波那契工具
上的屬性來自己製作這個工具，下面我將向你詳細介紹如何
進行設定。

你將使用風險／回報工具，根據止損距離確定風險／回
報目標。換句話說，你將首先將止損設定在交易設定上，然
後你將使用該止損位置作為交易的 1R 距離，1R 僅表示 1 乘
以 R，其中 R ＝風險（Risk）。因此，如果你的風險／回報
率為 1:2，則意味著你在交易中可能獲得 2R 獎勵，或者利潤
是你承擔風險的 2 倍。

以下是風險／回報工具的主要用途：

根據止損距離確定獲利的目標。

預測和計劃交易。

加快尋找潛在目標和設定初始止損的過程；猜想圖表上
止損和獲利目標的潛在水準。從本質上講，風險／回報工具
為你提供了一個框架，用於在交易中找到最佳風險／回報水
準，而不是僅僅依靠你的直覺。

風險／回報工具可以幫助你了解交易是否有意義。你將
工具疊加在你正在考慮的設定上，測量止損距離，然後在圖

表上找到潛在的獲利級別。如果根據當前的市場結構和價格行為沒有參與的意義，我們可能會三思而後行。換句話說，風險╱回報工具可以幫助你過濾好的和壞的交易。

風險╱回報工具允許你使用不同的止損距離（在你進入交易之前）並檢視它們如何影響圖表上的獲利區域，以檢視交易是否有意義。

這些是MetaTrader風險╱回報工具的主要用途，我將更深入地解釋它們。接下來，讓我們討論如何建構風險╱回報工具，以便你今天放下書就可以開始使用它。

你可以使用以下簡單的步驟將MetaTrader中的斐波那契工具調整為非常有效的風險╱回報工具。

第1步：在MetaTrader平臺的頂部工具欄中找到斐波那契工具圖示，點擊滑鼠在圖表上開啟它（見圖7-1）。

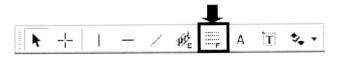

圖7-1 MetaTrader平臺截圖

在圖表中畫出斐波那契回調線（Fibonacci retracement），如圖7-2所示。

圖 7-2 斐波那契回調線示意圖

第 2 步：現在你需要右擊斐波那契工具（見圖 7-3）。

圖 7-3 右擊斐波那契工具示意圖

　　風格選項中預設的是黃色，我們選擇了紅色，請注意選擇你喜歡的顏色。在實際的圖表中，也應該選擇對比度強的顏色，在黑色的行情視窗選擇黃色，白色的行情視窗選擇紅色。

　　第 3 步：從這一步開始根據你正在考慮的特定交易調整「Fibo」設定，以便找到交易的風險回報水準。我們的 1R 距離就是入場位到初始止損點的距離。

　　透過點選「Fibo」屬性框中的「斐波那契」**按鈕**，在選項下的「**水準位**」，我們可以輕鬆刪除或新增「Fibo」工具的級別。在這種情況下，我們要刪除 1 或 100 級別之外的所有級別，這些級別應標記你的輸入級別，0 級別標記你的止損級別。你現在已經開始將 MetaTrader 斐波那契工具轉換為風險／回報工具了，並且你已在交易設定得標記了 1R 風險金額（見圖 7-4）。在第 4 步中，你將使用此 1:1 距離來定位潛在的獲利級別。

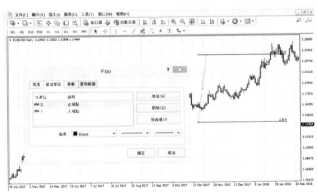

圖 7-4 標記了 1R 風險金額示意圖

　　第 4 步：這是 EURUSD 日線上的風險／回報工具。現在，你只需透過「**新增**」按鈕在「**水準位**」中新增級別，即可輕鬆新增 1R（1:1），2R（1:2），3R（1:3），4R（1:4）

的獲利級別。你會注意到在這個例子中，當我們新增一個 2 時，它給我們 1:1 的利潤水準，這是因為，1 級已被用於入場點。當我們新增 3 級別時，它會為我們提供 2R（1:2）的利潤等級，你可以根據需要新增任意數量的 R 倍數（見圖 7-5）。

圖 7-5 EURUSD 日線上的風險／回報工具示意圖

重要提示：一旦設定好風險／回報工具，你就可以輕鬆地在任何其他視窗上使用它，除非你將其恢復為預設的 Fibo 設定，換句話說，你可以在最初設定工具後調整每個新設定的風險／回報工具，只需點選小對角線，出現 3 個空心小點就可以拉伸工具，並將 0 級別對齊每個設定的止損點。如果你需要用斐波那契工具，那麼就另外安裝一個 MetaTrader，也就是說，**應用風險／回報工具下單和應用斐波那契分析使用的是兩個不同的 MetaTrader 平臺**。這也是我強烈建議多螢幕顯示組合的原因，它可以將真實帳號和模擬帳號分隔開

使用。

現在你已了解如何調整 Fibo 屬性以製做風險／回報工具，馬上放下書本在你模擬帳號上進行設定，應用熟練後就可以開始在你正在考慮的交易中使用它。在不同時框上，每一個初始止損點都會有不同，在確定的交易時框下，調整 Fibo 水準位以反映你的風險／回報比，將這個工具納入你的交易工具箱，它將成為你的交易中不可或缺的一部分。

讓我們看一下風險／回報工具在 EURUSD 日線交易中的例子，看看它是如何幫助我們找到交易設定中最具邏輯的、可實現的利潤目標的，看它能否作為我們交易的過濾器。

在圖 7-6 的範例中，我們正在檢視 EURUSD 的風險／回報工具。請注意，設定與基礎日線圖上升趨勢一致。市場處於上升趨勢，並在關鍵阻力位 1.13000 區域附近整理。箭頭所指的區域有一根陽線突破這一整理區域，發出一個日線級別的交易訊號。

圖 7-6 具有強勁的日線上升趨勢示意圖

　　在這種情況下，我們把這一根陽線的收盤位作為入場點，並根據風險／回報工具，先設定的止損點，再設定獲利點。這是一個交易習慣，要從使用這個工具開始建立。一般的初始止損設定在這根確認交易訊號的陽線的下方。評估這個初始止損是否能夠承受，並根據這個初始止損幅度設定 1:1 的獲利點。未來是不確定的，並不意味著你設定了就能夠達到。應用這個工具更多的是為了推算我們可以承受的風險金額，並因此做好可能會止損或調整至盈虧平衡（將止損線調整至入場位）的準備，如果你看到針對你的交易的明顯反轉訊號，就要退出交易。在這種情況下，除了趨勢繼續之外沒有任何事情發生。我們可以看到在這裡可以獲得可靠的 1R 或 2R 利潤。

　　當你發現一個交易訊號發出時，你正在考慮交易，快速地調整不同的止損距離，可直觀地看到它們如何影響圖表上的獲利區域。透過覆蓋風險／回報工具並測量止損距離來檢視交易是否有意義，如果風險／回報水準位於圖表上的不良位置，如在它的附近有關鍵阻力位或整數位（透過調整工具斜線的角度，可以拉長橫線看到），這樣我們可能會三思而後行，或者調整獲利目標。透過這種方式，風險／回報工具可以充當交易的過濾器。

　　了解風險／回報及其在更廣泛的資金管理環境中的含義對於交易者的長期成功至關重要。你不僅需要了解風險／回

報的重要性，還需要考慮風險／回報方面的潛在交易設定。大多數成功的交易者都知道在長期的交易中是不可能贏得超過 50％的交易的。如果每筆交易獲得 1:3 的風險／回報並且只有 30％的獲勝機率，那麼你仍然可以成為成功的交易者。這裡的關鍵是要明白，需要一系列風險／回報交易來展示其真正的力量。

每當你遇到潛在的交易機會時，你應該立即開始考慮交易的風險／回報潛力。拿出你的風險／回報工具，比較潛在的獲利水準與幾個不同的潛在的初始止損設定，確保你沒有隨意設定止損點也不是為了交易而交易。

擁有從風險／回報角度檢視每個潛在交易機會的知識和能力對於實現持久的交易成功至關重要。一旦掌握了有效的交易方法並徹底了解了如何使用風險／回報工具，你將有很大機會在市場上取得長期成功。

使用更寬的止損

首先說明一點，這是一個思考題，給你另一個思考方向。這符合系統交易的思維，我們可以正向思考，也可以反向思考。若採用這種止損概念，將會產生一個新的交易系統，因此適合進階的交易者使用，也可能會讓你覺得這些內

容和書中的一些內容不一致，正因如此，給你一個思考，我
相信它可以讓你受益。

　　止損位置可能是交易「難題」中最容易被忽視和誤解的
部分。

　　無論你採用什麼交易策略，「你設定的止損位置」是你
這次交易最重要的一個位置。從另一角度看，你對待止損的
態度和你的止損設定技術，決定了你的交易策略和交易策略
在帳號上的表現。

　　設定小範圍的止損距離和設定更寬的止損距離是一個關
於交易認知的事情。太窄還是太寬？怎麼去設定？如何來設
定初始止損位置？固定點數的止損還是按比例的點數的止
損？是按特定風險金額還是按策略點數？

　　我的交易原則之一是在設計交易策略時就定下的交易規
則 —— 使用更寬的止損。不過，這個可能會有誤解，因為
不同的貨幣對、不同的策略，設定的止損距離也會不一樣。
更寬的止損只是一個虛詞，不是沒有極限才叫更寬。正如前
面所述，對待止損的態度就是對待交易的態度。這個問題很
重要，因為它是進入市場後你唯一可以控制的事 —— 你決定
輸多少。正確設定止損位置，並且在設定止損時不要做出情
緒化的行為，最好的方式就是在形成交易策略之前就去規劃
它，理解止損是交易的一部分。

　　讓我感到驚訝的是，有許多交易者，特別是初期的交易

者都非常害怕止損，自然而然地試圖盡可能地減少止損。特別是擁有一個小帳號的交易者，對止損的厭惡程度很誇張，為了減少止損，將止損位放在他可能受到打擊的價格區域。設定完後寄希望於祈禱，卻常常遭遇莫非法則。必須使用嚴格的止損，因為太多的止損將使他們感到心疼。嚴格的止損是以某種方式降低交易風險，或增加他們賺錢的機會，因為他們可以增加頭寸。

大部分的初期交易者認為較小的止損距離意味著較小的風險，而更寬的止損距離意味著他們冒更大的風險。然而，這些信念根本不是真實的，對於任何了解交易頭寸規模的有經驗的交易者而言，交易的合約規模（手數）決定了每筆交易的風險，而不是止損距離本身。止損距離遠不及你交易的頭寸規模那麼重要。止損距離大小與手數大小的乘積決定每筆交易的風險金額。

當你調整交易手數時，你在任何特定交易中冒的風險會增加或減少。在我使用的 MetaTrader 平臺中，頭寸大小被標記為「訂單」，訂單量越大，每筆交易的風險越大。如果你想降低風險，可以減少交易的手數（見圖 7-7）。

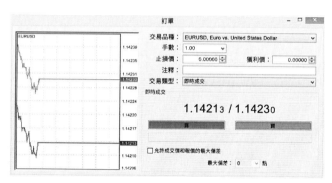

圖 7-7MetaTrader 平臺訂單示意圖

　　止損距離只是決定你的損失的一個因素。如果你正在調整你的止損距離而不是你的頭寸，那你就犯了一個嚴重的錯誤！

　　例如，歐元兌美元：120 點的止損距離和 1 手交易，風險為 120 美元。歐元兌美元：60 點的止損距離和 2 手交易，風險為 120 美元。

　　所以，我們有兩種不同的止損距離和兩種不同的手數，但是承受著相同的風險金額。

　　同樣重要的是要注意，更寬的止損不會降低我們的風險回報，因為風險回報是相對的。如果你有更寬的止損，你將需要調整你的獲利目標。我們仍然可以進行 1:1.1，1:2 或者 1:3 及更高的風險回報比的交易。如果你是一個交易老手，還可以透過使用金字塔加倉來增加風險回報率水準。

　　現在，我們已經知道我們可以在任何規模的帳號上使用更寬的止損，那麼問題就變成了為什麼我要使用更寬的止損來實現交易中的營利目標？

▶ 1. 給市場移動的空間

你對市場方向的判斷是正確的，交易訊號也是正確的，但你仍然以某種方式賠錢，非常令人沮喪。如果這種情況一直發生在你身上，那麼這是因為你的止損太緊了！

市場行情走勢有時不穩定，有時波動很大。身為交易者，在確定止損的位置時，將這一點納入決策過程是你的職責的一部分。你不能只在每筆交易中將止損設定在一定的距離，並且「希望最好」……，「希望」不會發揮作用，也不是一種策略。

你需要為正常的「波動」留出空間。平均真實範圍（ATR）可以顯示任何給定時間段內的平均每日範圍。這可以幫助你了解市場行情近期和當前可能的波動，這是你在試圖找出止損位置時需要知道的。

MetaTrader 交易平臺自帶平均真實範圍指標，圖 7-8 中的週期引數為 30，即 30 根 K 線的真實波動，如果是日線的話，就是指 30 個交易日的真實被動情況。範例中還有一個技術指標也是平臺自帶的技術指標，它的相關路徑為 MetaTrader 平臺→選單欄→插入→技術指標→自定義→ Zigzag。前者自動統計平均波幅，後者可以在分析圖表時，參考峰值間的波幅，兩者相互印證。

現在，我們看到兩張圖片，第一張是圖 7-8，EURUSD 每日圖表顯示 ATR（30），每日平均波幅為 0.0077，即 77 點。

圖 7-8 EURUSD 每日圖表示意圖

　　圖 7-9 是第二張，XAUUSD，每日圖表顯示 ATR 週期 30，每日平均波幅很大，超過 12 美元。那些甚至不知道他們交易市場的 ATR 的交易者，在設定他們的止損時將會處於極大的劣勢。至少，你希望止損大於 15 天移動 ATR 值。這個當然和你的交易策略有關係，倒推回去，這個認識應該可以讓我們重新檢視一下交易系統中的止損策略。

圖 7-9 XAUUSD 每日圖表示意圖

▶ 2. 可以使用更小的時框

　　日內交易和隔夜交易，選擇的時框也是不一樣的。一日的波幅和一週的波幅相比，一週的波幅更有利可圖，這樣潛在獲利的空間會更大。一個交易的終結需要數天或數週才能完成。圖 7-10 是 EURUSD H4 時框的示意圖，在箭頭所在處發生入場訊號，於是進場，止損點放在前一根下影線的下方 15 點，當價格執行數天後被止損，然後，行情正式開始走高，甚至達到了 1:4 的風險回報。這是很多交易者的一個痛點，大部分時間你都會在市場走勢看好之前被止損了。

圖 7-10EURUSD H4 時框示意圖

　　圖 7-11 顯示了更寬的止損，我們從這個例子中可以很明顯地看出為什麼需要更寬的止損。

圖 7-11 更寬的止損示意圖

　　注意，圖 7-11 中，市場行情從一個整理處探底回升後出現入場訊號，我們在箭頭處入場，將止損放在支撐位下方 50個點的 1287.48 區域，這種在支撐位下方 20 至 50 點的止損設定技巧，通常是一種很好的技術。這樣可以給予市場行情執行的空間。在這次交易中，我們可以獲得 1:2 的風險回報比。這種技術不會讓我們因為非常緊的止損失去賺錢的機會。

　　如果你將止損設定在重要支撐位以下 50 點左右，就可以給價格執行的空間。如果被止損，比初始止損更寬一點的距離讓我們獲得了更多的機會。在更小的時框裡，這種市場的雜音會更加頻繁。這個技巧不僅會讓你處於交易中，而且會讓你獲得期望的風險回報比，賺到不錯的利潤。

　　注意：無論你使用哪個時框，市場進行盤整或有 50% 的回撥時，更寬的止損設定仍將極大地改變交易結果。將訂單留在市場上執行，直到它明確證明你錯了，不要因為價格的

自然波動而動搖，我們需要為入場的訂單提供呼吸所需的空間以適應行情的波動！

非日內交易者，更需要更寬的止損。

很多交易者進行交易的時間越久，交易的時框會越來越小，直到交易到 5 分鐘的時框，甚至嘗試「剝頭皮」交易。同樣有一些交易者，交易的時框變得越來越大，也像 A 股市場那樣，交易 24 小時級別的時框。太頻繁或等待太久，可能是優勢也可能是劣勢。我對日間交易 5 分鐘或 15 分鐘時框的看法是，每天發生的市場「噪聲」非常多，產生 5 個交易訊號，3 個做多訊號，2 個做空訊號，這會讓我們看不清市場的大方向。我們是一個交易者，而不是賭徒。因此，交易更大的時框時，必須使用更寬一點的止損策略，這樣就不會在市場的短期噪音中被止損。

這是一個有趣的「巧合」，可能並非真正的巧合。日內交易者自然地偏向使用非常緊／小的止損，統計數據顯示，日內交易者通常會虧錢並且比長期頭寸交易者表現更糟糕。使用嚴格止損的人往往比那些使用更寬止損策略的交易者損失更多的錢，這只是巧合嗎？我想不是。可能這一點，就需要我們重新去選擇交易訊號發生的時框了。

更大的時框選擇，需要更寬的止損。如果我們知道歐元兌美元每週移動多少個百分點（比如 200 至 300 點），並且我們正在考慮一個交易策略，它可能會給我們帶來 200 到

300 點的潛在利潤目標，那麼我們應該考慮如何設定止損以保證我們的訂單可以留在該交易中。

請記住，更大時框的趨勢力量是巨大的。是的，你需要等待更長時間才能在更大的時框內進行交易，重點是你能獲得更準確的訊號，因此，交易變得不像賭博，技能越多，可選擇的時間範圍越大。

圖 7-12 是 XAUUSD 的日線圖，我將價格標籤打在了圖表上，我們能否感受到趨勢的力量所在，我並不是反對日內交易，只是想讓你知道，交易更大的時框，單單這一個觀念的改變就可以讓你的交易業績發生質的改變。

圖 7-12XAUUSD 的日線圖示意圖

▶ 3. 減輕交易壓力

對你而言，使用更大的時框最大的好處可能是可以減輕壓力並改善你的生活方式。你可以設定並忘記具有更寬止損

的交易訂單。更寬的止損是我鼓勵的一個交易技巧，這意味著你不必坐在那裡痛苦地感受市場行情的每一次波動。當然設定更寬的止損需要統計數據、支撐位和阻力位的分析，而不是不需要操心。

這種交易方式可以讓你有更多時間學習並專注於尋找良好交易，識別趨勢和價格行為模式，閱讀圖表上的 K 線足跡，這些在交易中都是非常重要的東西！

如果你想離開你的交易，或者感受到日內交易的壓力，那麼你可以嘗試這種更大一點的時框，更寬一點的止損，重新設定你的交易策略，調整你的資金管理方式。

你知道為什麼大多數交易者失敗了嗎？是的，因為他們損失了太多錢。但是，他們為什麼會損失太多錢呢？

許多交易者賠錢並讓帳號爆倉的兩個主要原因是交易太多（頻繁交易）和使用過於緊張的止損（不讓行情有執行空間）。

有沒有這樣的一種體驗，當你開始採用緊張的止損時會發生一件有趣的事情，你越緊張就會越頻繁地被止損！然而，每一天，成千上萬的訂單，可能是數百萬非常聰明的交易者在做一些非常愚蠢的事情：他們在完美的交易訊號上留下一點點止損。

他們這樣做是因為他們太緊張帳號的資金，或者他們這樣做是因為他們貪婪，或者他們這樣做是為了表現自己的交

易技術有多好，或者他們是為了得到更好看的風險回報率
（如果是這樣，那就是典型的為技術而技術，風險回報率不
是這樣用的），但是，無論哪種方式，他們注定要失敗。

　　耐心點。願意改變日內交易模式，採用更大的時框和更
寬的止損，這意味著我們要讓交易持續數天甚至持續數週。

　　問問自己，什麼是更好的交易？

　　開始 20 個交易，獲得一定勝率的結果，普遍的可能是止
損嚴重，大多數交易失敗。

　　進行兩次大幅止損交易，在一個交易中獲勝並在另一個
交易中遭受預設的損失。

　　我向你保證，是後者，而不是前者。

　　再次閱讀本節內容。這可能是你學到的最重要的交易課
程。將這節的概念結合系統交易的三正維度，計劃你的交
易，交易你的計畫，在實戰中打磨自己的交易技巧，你將會
擁有一個非常有效的交易策略。如果遵循這個思路，你肯定
會找到市場的趨勢並取得持續的收益。

像保護心臟一樣保護你的交易帳號

　　大多數剛進入外匯市場的新手們，起始資金太少卻有著
下大手數的心。而在市場中又有太多的噪聲 —— 那些干擾

交易系統的隨機走勢。小資金大手數的交易者缺少一個緩衝區域，讓交易變得很緊張，讓自己的情緒始終處於緊繃的狀態。從長遠來看，這樣的交易者也許非常適合外匯交易，但他很有可能無法度過系統回撤期，沒有足夠的忍耐和堅持來承受一連串的失利，最終被市場吞沒。

一個小資金大手數的交易帳號就像是貼地飛行的飛機，它沒有迴旋的餘地，也沒有時間思考。稍不留神或偶爾運氣不好，碰到氣流或者突然出現的大樹就會有意外。如果你飛得很高，就會有充足的時間來發現問題，找到解決問題的方法。

交易帳號就是你交易生涯的核心工具，這個是被很多交易者忽略的地方。在這裡，我們需要了解交易帳號在你的交易中的重要性，以及如何保護它。它能夠讓你在這個交易遊戲中保持足夠長的時間，讓你成為穩定盈利的交易者。

盤點我們的交易工具，其實最重要的工具就是我們的交易帳號和帳號裡的資金。

如果一個人沒有經過跳傘運動員的任何訓練、指導或練習進行單人跳傘並跳出飛機，那將是潛在的自殺。對於那些受外匯市場的魔力吸引而進入市場，在沒有任何正式培訓的情況下進行真實交易的交易者來說同樣如此，這是金融自殺。然而，每天都有成群結隊的新來的交易者這樣做。

在交易中生存並長期穩定地盈利，有一個前提：**必須有錢交易！**

就是這樣。所以，有長期生涯規劃的交易者，我們需要真正理解保護交易帳號中的資金的重要性。

你要知道，你帳號裡的資金就是門票，沒有門票，你就不能參加。

很殘酷，對吧！是的，請接受這個現實。一切都是如此，尤其是交易。如果你沒有錢，就不能賺錢。如果你的錢用完了，你就買不到門票，而你的學習歷程和交易生涯就已經結束了，我們應該將交易帳號的餘額看作進入市場的門票 —— 參與、學習、改進、獲得利潤的門票。

當你決定進入外匯交易時，註冊模擬帳號，熟悉和了解交易平臺後，應盡快開通真實帳號，帳號資金可以少一些。為什麼要這樣？用模擬帳號學習不是更好嗎？

沒有什麼比開通真實帳號用真實的資金交易，更能讓我們學習交易了。真實帳號能讓我們體會到自己在交易時的情緒變化、市場波動帶來的欣喜或壓力。很多交易者用模擬帳號時可以做到淡定和紀律，一旦交易真實帳號，就會暴露自己真實的壓力。還有一個更為瘋狂的做法，使用壓力資金交易，比如用借來的錢交易，甚至用信貸資金來交易。在資金壓力和市場壓力的雙重壓力下，系統、規則、紀律、資金管理都會變得很蒼白。

不要這樣做。

我不打算告訴你每筆交易的風險是多少。但是，我會

說，在你的交易生涯的早期階段，你需要做好準備，確保你能夠在失去 50 或 100 筆交易的情況下可以繼續交易並且仍有可以交易的帳號。

記住，首要目標：生存！這是這裡唯一的目標，要像保護心臟一樣，不惜一切代價保護你的交易帳號和帳號裡的資金。盡可能地保留你的交易資本，在自己的交易進階之路上學習和成長時，可以交易，提升交易技能。

我還要請你看看你的淨資產，看看你的收入與你的帳單，然後再決定你現在會用多少錢來承擔風險，以及你每年從可支配收入／儲蓄中投入多少資金來繼續你的交易追求和學習之旅。

一旦你弄清楚你的財務狀況和相應的預算，請堅持這個計畫，不要像賭徒一樣突發奇想。想想你帳號中的金額以及每個月／每年你可能會讓帳號中承擔的風險。如果你不這樣做，你就會面臨爆倉並摧毀你帳號的危險。對交易的投資必須是有條不紊和有紀律的，每個月／每年堅持你的資金管理計畫。最重要的是，不要將資金投入到你無法承受其損失的交易中，或者如果一次失敗的交易會影響到你的生活和生活方式的話，請不要那樣做，尤其是當你還不完全知道自己在做什麼時。

下面我給予踏上外匯交易掘金之路的讀者一些建議。

①不要用盡子彈，計劃持續很長時間的戰鬥。

我喜歡用軍事隱喻來教導交易者他們需要的心態,這已經不是什麼祕密了。如果你有了交易生涯的規劃,那麼就要把交易當成與你的對手的數十年的戰爭,所以你需要盤點、準備和計劃,並長期挖掘。當你的帳號中有錢時,你就有彈藥可以投入戰鬥,但如果你沒有彈藥,你顯然無法贏得這場戰鬥。

②在早期交易較小的頭寸。

無論你現在的交易是怎樣的規模,即使你感覺很舒服,你也可以考慮將其減少 50% 甚至 75% 並退後一步並開始拿起紙筆做一些數學計算,測算機率、推算手數……無論是外匯交易的新手,還是外匯交易的老手,都應該問自己一個問題。如果你連續失去 10 筆交易,冒著你現在的風險,你會在哪裡?你會活下來,還是會急轉直下?你有足夠的彈藥準備通過回撤期嗎?請運用邏輯思考,並且不要相信你會以某種方式成為永遠不會經歷回撤的幸運者,因為它們可能會在某些時候發生在你身上,不要心存僥倖,莫非法則就是對我們最好的提醒。

正如我在前面討論的那樣 —— 為什麼你需要更寬的止損?你可以進行大幅止損或更寬一些的止損,並且保持相同的資金風險,這只取決於頭寸規模。透過改變交易手數來控制風險,就這麼簡單。

NBA 裡有一句話,「想贏球靠進攻,想當冠軍靠防守!」

將注意力放在防守上而不是進攻上，不要以為有捷徑，你需要始終考慮自己能承受的風險而不僅僅是利潤。

③不要被你的潛意識迷惑。

你有一連串的獲勝交易。很好！但是，放鬆放鬆放鬆，放慢速度並吸一口氣，運氣運氣運氣，交易不會永遠保持這樣。因為機率，很多交易者都為自己的虧損做了準備，但在這裡，更要提醒你需要為這一系列的獲勝做好準備，以便讓自己快速恢復正常狀態，不要因為有了這一連串的獲勝交易，你就信心超出預期。我們應將獲勝視為「祝福」，並記住任何特定交易的交易結果都是隨機分布的，我們需要考慮一連串的輸即將到來的可能！

請記住，很多時候你最有信心的交易恰恰是你最需要擔心的交易。通常情況下，過分自信的感覺會加大你的帳號風險。

記住，每一筆交易都可能失敗。

當你認為自己是市場之王時，市場往往會告訴你，你是錯的。

④堅持你預先定義的風險回報率，計劃你的交易，交易你的計畫。

系統交易的三正維度指導我們選擇有合適的風險回報的交易。

理想情況下，選擇 1:1.5 或 1:2 或更高的風險回報率的交

易。那麼你的資金將會受益於這個風險回報率的系統設定。同樣，當你開始以 1:1 或更低的風險回報率進行交易時，從長遠來看，獲得利潤將會非常困難。

⑤順應趨勢進行交易，不要冒「逆勢交易」的風險。

交易中，當其他人都認為「市場不可能繼續向這個方向發展了」時，就不要再試圖去挑戰頂部和底部了。

很多交易者都喜歡這樣做並經常這樣做。那些重大事件發生時，如聯準會升息和每月一次的非農就業數據釋出，市場大事件需要時間才能被市場吸引走出真實的走勢。許多業餘交易者全力以赴地參與交易，並天真地認為它將在每次波動到達支撐位和阻力位時結束。事實上，沒有人知道下一步會是什麼。有時，它會擊破止損點設定的密集區域，觸發止損單讓行情更進一步的波動。

不要想從每月第一個星期五的「非農就業數據」事件中獲利，不要在這上面浪費時間。

退後一步想一想，交易這些風險事件是非常刺激的，但要評估一下它在你的長期交易生涯中是否值得。

我們的目標是獲利，而不是尋找刺激。

現在你是否想起，系統交易的三正維度中的「正略」談到的，好的交易應該是機械的、單調的、無趣的。

第 8 章
把交易科學化

懷疑和實驗是對待科學應有的態度。

科學化的方法就是透過假說、測試、結果、回饋、修正的步驟不斷地更新疊代。三正交易體系吸取中國古代匠人發明 —— 失傳 —— 再發明 —— 再失傳的沒有累積循環，以一種動態的循環來實現科學化的交易方式。

說到科學化的交易方式，就要提到期望值。開門見山地說，期望值是三正交易體系的底層系統。

在機率論和統計學中，數學期望是試驗中每次結果的機率乘以其結果的總和，是最基本的數學特徵之一。需要注意的是，期望值並不一定等同於常識中的「期望」 —— 期望值也許與每一個結果都不相等，它只是反映隨機變數平均取值的大小。

什麼是科學化的交易方式

圖 8-1 是簡要的思考和決策模型，透過問題和數據建立的假設，透過試驗來檢驗假設，分析試驗結果並總結，得出結果與報告。

這是從問問題開始的思考方式，這也是為什麼這本書裡有很多問題的原因，也因此向你提了很多問題，我們一起思考了很多影響交易的因素。

我們需要知道：一個好的交易系統和交易理念是可以被證實或被證偽的。

因此，我們需要問自己，我現在的交易系統經過這樣的測試驗證嗎？

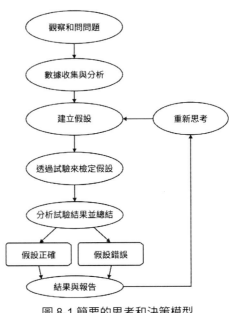

圖 8-1 簡要的思考和決策模型

世界上沒有 100% 勝率的交易策略

一個好的交易策略是一個可以在一段時間內，經過有針對性的多次交易、歷史摸擬測試和實時交易，可以達到正的「期望值」的交易策略。

要想如此，贏的交易的可能性一定是大於虧的交易，才能達到正的「期望值」。

當然，我們希望贏的可能性越高越好。

然而，實際上，贏的可能性不大可能達到 100%，因為這是不合理的。

我們不能妄想，這個世界不可能存在 100% 勝率的交易策略。

我們也不能妄想在這個世界上找尋 100% 勝率的交易策略。

個人期望值

如果你是帶著贏錢的目標去交易的話，那麼期望值將是你需要掌握的最重要的概念。期望值是指根據機率理論，平均將贏得或損失的資金。

期望值的意義是，如果你能夠重複一個交易，期望值將告訴你，長期而言你將領先還是落後，以及領先或落後多少。如果一個交易的期望值是 70 美分，而你能夠把那個交易進行 100 萬次，那麼平均的交易結果將是盈利 70 萬美元。你的交易結果也許多於或少於那個數目，但將你的結果除以試驗的次數將非常接近 70 美分 —— 你的期望值。

將期望值理論運用到外匯交易之前，我們首先看幾個簡單的例子。

例 8-1

你在一個擲幣遊戲中下注 1 元。

問題：這個遊戲的期望值是多少？

解答：計算期望值的一般公式是

期望值＝結果 1 的機率 × 結果 1 的回報＋結果 2 的機率 × 結果 2 的回報＋ … ＋結果 n 的機率 × 結果 n 的回報 n 是可能結果的數量。期望值是結果的加權平均值。

輸和贏的機率都是 1/2，我們將輸記作－ 1 元，贏記作＋ 1 元。

那麼期望值是 1/2×(－1)＋1/2×1 ＝ 0 元。

零期望值表明這個遊戲是不虧不盈的。

還要注意，零期望值並不是一個可能的遊戲結果 —— 你要麼輸 1 美元，要麼贏 1 美元。這個平均值並不意味著一個典型值，正如你肯定發現一個家庭的孩子數量是整數，而不是全國平均的 2.3 個。

例 8-2

一個陌生人想和你打賭。他將撲克牌洗亂後抽出一張牌。如果是黑桃，他將付你 5 元，否則你付他 1 元。

問題：你應該接受這個打賭嗎？

解答：每次你接受這個打賭，你將要麼贏得 5 元。要麼輸掉 1 元。但平均而言你將贏得或損失一些錢。

　　黑桃有 1/4 的機會出現，你將獲得 5 美元報酬。非黑桃牌有 3/4 的機會出現，你將損失 1 元。我們如果接受這個打賭，我們的期望值將是 $1/4 \times 5 + 3/4 \times (-1) = 0.5$ 元。

　　這個 0.5 元預期盈利意味著你應該玩這個遊戲嗎？

　　通常可以接受這個遊戲。

　　聰明的交易者總是試著採用「正期望值」的策略，而不是採用大多數時候贏錢的策略。

　　只要其餘 25% 時間的回報足以彌補損失，我們寧可 75% 的時間輸錢。

　　同樣，如果潛在損失非常高，一種大多數時候贏錢的玩法也可能是錯誤的。

　　例 8-3

　　依然用賭場來說明這個「負期望值」。

　　賭場中經常用的輪盤上有 38 個數字，每一個數字被選中的機率都是相等的。

　　賭注一般壓在其中某一個數字上，如果輪盤的輸出值和這個數字相等，那麼下注者可以將相當於賭注 35 倍的獎金和原賭注拿回（總共是原賭注的 36 倍），若輸出值和下壓數字不同，則賭注就輸掉了。

　　因此，如果賭注是 1 美元的話，這場賭博的期望值是 $[(-1) \times 37/38] + (36 \times 1/38) = -0.0263$

　　也就是說，平均起來每賭一次就會輸掉 2 美分多。

只要你是持續的玩家，就無法從一個「負期望值」的遊戲中贏得遊戲！！

重要概念：總期望值是所有分期望值之和。

神奇的魔術點

將期望值應用在外匯交易上：

假設某個特定的交易策略，贏取的可能性是 PW，虧損的可能性是 PL，PW ＋ PL ＝ 1。

我們進一步假設，贏取和虧損的交易總是 20 點。

經過大量的交易，每個交易的期望值是

$<$ 每交易的回報點 $>\ =\ PW \times 20 + PL \times (-20)$

$=\ (PW - PL) \times 20$

很明顯，上述的期望值公式中，只要 (PW-PL) 是正數，以長期來說，就可以達到正數的回報。

當然 PW 相對 PL 越大，回報就越大。

假設 PW ＝ 0.70（贏的機率是 70%），

所以 PL ＝ 0.30（虧的機率是 30%）。

$<$ 每交易的回報點 $>\ =\ PW \times 20 + PL \times (-20)$

$=\ 0.70 \times 20 + 0.30 \times (-20)$

$=\ 8$

不要小看這 8 點，回去看這個普通的等式，< 每交易的回報點 > = PW×20 + PL×(− 20) 中，包含了所有可能的「點」。

這個點我們稱為魔術點，這是通向財富自由的祕密。

很多人窮其一生都無法找到這個點，一個點石成金的點。

這是系統交易的原點，這是交易系統的基石，這是一個財富方程式！

讓「財富方程式」帶出「魔術點」的先決條件：

必須有一個能給正期望值的方法。

個人必須擁有正確的觀念、交易紀律和心態。

使用良好的資金管理方式，這包括依據個人擁有的資本來決定下單的手數。

如果上述條件被履行，創造財富就是必然的結果！

例證：

一個標準合約的 EUR/USD，1 點 = 10 美元。

如果個人每次交易以標準合約，每月 20 個交易，預期的回報率是什麼？這等於 20×8pips×10 美元 = 1,600 美元！

如果「財富的等式」的假定都被實現，以上的結果是必然的！

如果你認為每月 1,600 美元微不足道，算不了什麼？

那麼，如果增加交易的合約單數會怎樣呢？我們可以看表 8-1。

表 8-1 每月回報表

每交易的合約單數	每月回報（美元）
1	1600
2	3200
3	4800
4	6400
5	8000
6	9600
7	11200
8	12800
9	14400
10	16000

天哪？我們為何不乾脆下個 1,000 手的合約呢？

$20 \times 8pips \times 10$ 美元 $\times 1,000$ 合約 $= 1,600,000$ 美元。

是嗎？是嗎？讓我數一下有多少個「0」。

注意：在這 20 個交易裡，我們預計會有 6 個交易是虧損的。

同樣存在一連虧 6 個交易的可能性！

假設 6 連虧損失的情景：每個交易虧 20 點。

$6 \times 20pips \times 10$ 美元 $\times 1,000$ 合約 $= 1,200,000$ 美元。

將會是 1,200,000 美元的損失！！！先不管我們能否虧得起這個 1,200,000 美元，我們是否有 1,200,000 美元的資金來開始做交易？我們設計和測試系統就應該預計到這個結果，這也不是我們的交易思路追求的結果！

你是否突然想起前言中對外匯交易的描述：外匯交易是

獲利的渴望和風險的厭惡之間如何平衡的技術與藝術。如果你想最短時間獲得最大的回報，外匯市場的槓桿效應可以讓你的收益成倍放大，同樣，你可能會遭遇很長時間的持續虧損。

在這個帶著「魔術點」的財富方程式中，要確保你不會虧掉所有的錢，可以讓帳號經受連輸的時期，那麼創造財富就是必然的結果。

你的期望值

這個維度不是數學和統計學的期望值，而是指對所實現的目標主觀上的一種猜想，根據自己的行為和努力是否導致所追求的結果的主觀猜想，即根據自己的經驗判斷實現其目標的可能性，包括但不限於你將從事外匯交易的時間規劃，是不是希望 80 歲的時候還能夠活躍在外匯市場上。

對外匯交易的期望值直接影響策略系統、預期收益水準以及對交易水準和交易心態的評估。交易學習的進階之路，從交易小白到能夠獨立交易並持續盈利 3 個月這個時間段，可能就是 100 天，也可能是 1,000 天。

作家麥爾坎·葛拉威爾（Malcolm Gladwell）在《異類》（*Outliers: The Story of Success*）一書中談到「一萬小時定

律」。同時英國神經學家也認為，人類腦部確實需要這麼長的時間，去理解和吸收一種知識或者技能，然後才能達到大師級水準。頂尖的運動員、音樂家、棋手，需要花一萬小時，才能讓一項技藝至臻完美。

一萬小時是怎麼算出來的？

葛拉威爾一直致力於把心理學實驗、社會學研究，對古典音樂家、冰上曲棍球運動員的統計調查改造成流暢、好懂的文字。在調查的基礎上，他總結出了「一萬小時定律」。他的研究顯示，在任何領域取得成功的關鍵跟天分無關，只是練習的問題，需要練習一萬小時——10 年內，每週練習 20 小時，每天大概 3 小時。每天 3 小時的練習只是個平均數，在實際練習過程中，花費的時間可能不同。1990 年代初，瑞典心理學家安德斯·艾瑞克森（K. Anders Ericsson）在柏林音樂學院也做過調查，學小提琴的都大約從 5 歲開始練習，起初每個人都是每週練習兩三個小時，但從 8 歲起，那些最優秀的學生練習時間最長，9 歲時每週 6 小時，12 歲時 8 小時，14 歲時 16 小時，直到 20 歲時每週 30 多小時，共一萬小時。

「一萬小時定律」在成功者身上很容易得到驗證。身為電腦天才，比爾·蓋茲（Bill Gates）13 歲時有機會接觸到世界上最早的一批電腦終端機，開始學習電腦程式設計，7 年後建立微軟公司時，他已經連續練習了 7 年的程式設計，超過了一萬小時。

為什麼是一萬小時？

「一萬小時定律」的關鍵在於，一萬小時是最低標準，而且沒有例外之人。沒有人僅用 3,000 小時就能達到世界級水準，7,500 小時也不行，一定要一萬小時 —— 10 年，每天 3 小時 —— 無論你是誰。這等於是在告訴大家，一萬小時的練習，是走向成功的必經之路。

音樂神童莫札特，在 6 歲生日之前，他的音樂家父親已經指導他練習了 3,500 個小時。到他 21 歲寫出膾炙人口的第九號協奏曲時，他已經練習了多少小時？象棋神童鮑比·菲舍爾（Bobby Fischer），17 歲就奇蹟般地奠定了大師地位，但在這之前他也投入了 10 年時間的艱苦訓練。

「一萬小時定律」的成功代表，大畫家達文西，當初從師學藝就是從練習畫一隻隻雞蛋開始的。他日復一日，年復一年，變換著不同角度、不同光線，少說也得練習一萬小時，打下了扎實的基本功，在最簡單、最枯燥的重複中掌握了達到最高深藝術境界的方法。這才有了後來的世界名畫《蒙娜麗莎》、《最後的晚餐》。

在大量的調查研究中，科學家發現，無論是在對作曲家、籃球運動員、小說家、鋼琴家，還是在對象棋選手的研究中，這個數字 —— 10,000，反覆出現。

這是「一萬小時定律」被提出的事實論據。

然而，外匯交易領域沒有物理世界那樣的確定性，如果

你認為一個人在某個領域做夠一萬小時就能出類拔萃，那就大錯特錯了。一萬小時只是一個必要條件而已，遠不充分。那麼這一萬小時應該怎麼去用呢？

　　過去的一萬小時已經過去，從看到這裡開始，規劃下一個一萬小時，保持你的時間和精力的投入，並在正確的方向和道路上前進。這時，你的期望值管理就顯得非常重要，因為你也知道，將時間壓縮產生的緊迫感，會讓原來熟悉的動作模式變形，從而導致不期望的事情發生。

第 9 章
系統交易的三正維度

系統交易的三正維度就是「正人、正己、正略」，期望值是這個系統的原點，「一分為三」發展出「正人、正己、正略」的交易框架，從市場、自己、策略這三個維度對外匯交易**建立正期望值的交易策略**。

市場、交易者和交易策略構成了外匯市場的參與結構和生態結構。如何來正確地認知市場、自我和符合資金管理要求的交易策略？我們從期望值出發，圍繞三正維度建構出一個系統交易體系的交易執行系統。這是一個思維過程，也是一個決策模型。這不僅是一個設計交易系統的指導標準，還是一個評價和評估的參考標準。

如果你現在有一個正在執行的交易策略，那麼可以用三正維度去衡量，去測試，去評估。如果只有進場和出場的策略，那麼它還不是一個完整的交易系統。有時連「進出有據」這個原則都做不到。隨意性的交易，也無法去統計階段的交易績效。假設那個階段營利了，也可能無法評估出到底是哪個策略讓帳號營利。

如果這個營利的結果更加加深了你對自己所謂的「盤感」的依賴，那麼我真誠地建議你，圍繞你的「盤感」建立一個系統交易的結構，從長遠來看，這將會成為你的護城河。

記住：

在這裡，最短時間獲得最大回報，這不是刻意對你偏愛！

在這裡，很長時間遭遇持續虧損，也不是刻意對你為難！

交易系統與系統交易

交易系統與系統交易，這是一個文字遊戲嗎？

與國內一些外匯交易者進行交流，我感受到，他們都具備很多的實戰經驗，也非常熱愛學習，而且很多人的交易績效相當不錯。聊一些技術細節時，我發現他們忽略交易了的整體性、系統性和可追溯性，很多人都需要加強這方面的認知，需要把系統交易這個觀念提升到指導交易的高度。

如果你想長期穩定地獲利，那麼整體的交易應該是一個過程，而絕不是簡簡單單的一次預測或者一次買入。至少你得有這些預案和應對的方法。

如何進場，如何出場，如何持倉，如何處理市場和預期的不一致？

我能夠承受的最大虧損。

訊號觸發的條件。

黑天鵝事件發生時，如何處理？

預期獲利的目標是多少？

如何評估你的交易系統？如何評估自己的執行水準？如何修正自己的交易計畫？

　　每次做空和做多用多少槓桿？加倉點、減倉點、止損點、止盈點各是什麼？

　　你收集的交易樣本足夠多嗎？

　　我如何處理虧損或者營利？

　　由此，你可以看到交易系統的開發是一個系統工程。

　　用一句話去解釋系統交易，就是考慮了外匯交易的各個要素，搭建出一個完整的交易系統，將交易系統化。交易系統和系統交易包含了不同內容，交易系統是系統交易體系的一個重要組成部分。

　　交易系統在系統交易體系的框架下，發展出應對不同市場情況的交易策略，同時追蹤這些交易策略的績效表現。

　　你知道策略的優勢，也知道策略的衰退期，因為你很清楚地知道，趨勢型的策略是無法在震盪的市場中獲利的，它會因頻繁觸發止損而造成損失。

　　系統交易的結構還包含並反映了交易者自己的交易生涯規劃、市場認識、交易理念、金錢理念和交易策略。系統交易的三正維度可以讓我們建立並發展出持續營利的交易系統。

系統交易的三正維度是什麼

　　如果要談系統思維，我來舉個例子：現在讓你去管理一個自然保護區，你要怎麼做，才能把它做大做強呢？

　　這個自然保護區有狼、兔子、山脈、河流、樹林、草地。這時要怎麼去保護？狼和兔子就不能友好相處，狼太多，兔子就會大幅度減少；狼太少，兔子沒有天敵就可能大量繁殖，樹林和草地就會受不了。你要怎麼做，才能讓保護區和諧、可持續地發展呢？

　　這就是系統思維出場的時候了，首先你得把保護區看作一個「系統」，它是一個動態的相互作用的系統，而不是一個靜態的系統。因此，我們可以看到所謂的「系統」，關鍵就在於它不僅是一大堆東西在一起，還是這些東西之間的關聯。你把其中任何東西弄得再明白也沒用，比如單純地認為「狼是最有價值」的想法 —— 你必須釐清這些東西之間的關係，才能解決系統的問題。

　　真正的系統思維不但要考慮狼和兔，還要考慮系統中的土地、河流、草地、水生動植物等一系列的元素和它們之間的關係。

　　回到交易中來，只要你意識到系統中有很多很多的元素，

其中的單個元素並不重要，你就明白系統交易是怎麼回事了！

我們需要超越只思考「一個元素」的線性思維，如只有漲跌、只有指標、只有下單。其實很多交易系統出現問題不是因為哪個元素壞了，而是元素之間的關係沒有理順，沒有分清主次。

系統思維就是一個考慮相互作用、循環、動態平衡的思維過程。

系統交易思維不但要通盤考慮買賣本身，還得考慮系統中的市場參與者（貿易商、大型銀行、旅行者、央行、新聞機構、政府部門等）、影響市場的數據（利率、國內生產毛額 GDP、生產者物價指數 PPI、非農就業數據等）、自己（精力、是否使用壓力資金、薪資支出、交易資源、時間）、交易策略（交易目標、交易對象、交易風格、倉位大小、止損方式、資金管理、交易日誌、數據分析、交易行為分析、交易報告等）。

系統交易的三正維度就是將系統中出現的這些元素，整理歸納於「正人」、「正己」、「正略」的三正系統框架，並建立動態回饋更新疊代的一個系統循環。無論處於什麼樣的市場環境中，這個循環都可以發生，三正維度就是我們在外匯市場中航行的壓艙石。我們已經知道：一個好的交易系統和交易理念是可以被證實或被證偽的。圖 9-1 是系統交易的三正維度循環圖。

圖 9-1 系統交易的三正維度循環圖

　　掌握了系統思維，你就會遏制自己想讓一個系統變成「一件東西」的思維慣性。你會意識到好的系統並不是整齊劃一的，最好的系統應該充滿活力，我們建立的「正人」、「正己」、「正略」的三正系統框架，原則是不變的，方法是隨市場的變化而變化的。這就是系統交易的三正維度的活力所在。

▶ 1. 正人

　　市場就是人的集合，推動價格的是人的情緒。你在和電腦背後的人做交易，而不是電腦。大部分交易者都在做技術分析，小部分成功的交易者同時在做市場心理分析。

　　大眾的盲點就是利潤。

▶ 2. 正己

　　在交易過程中，交易者唯一能夠控制的因素就是他自己。大部分的交易者都忽略了一點，那就是自己是交易系統

最重要的環節。成功的交易者必須了解自己，接受自己，肯定自己，發展自己，知道自己的優勢在哪裡。

▶ 3. 正略

計劃你的交易，交易你的計畫。

理想狀態下的最佳交易系統可能是無聊的，乏味的，機械的，有序的，單調的，無風險的。越接近理想狀態，就越容易賺大錢，並在市場裡生存得越久。

切記：刺激最終會帶來麻煩。

外匯的交易進階之路就是這樣的一個循環，不斷向前，不斷向上。不同的交易者持有不同的交易理念、具有不同交易週期的選擇、擁有對市場趨勢的不同看法，有看多和看空的分歧，也有多轉空、空翻多的變化。市場的包容性和選擇的多樣性，創造了市場的豐富性。

交易的祕密 —— 機率

大多數交易者都存在兩個傾向。

1. 希望他們的每一次交易都是正確的。
2. 相信有一個通向市場的魔術：一個神奇指標，一個必勝形態，或者一個機械的交易系統。

　　智慧時代已經拉開了序幕，如果還希望找到一個一勞永逸的指標或公式以便高枕無憂，那幾乎是不可能的。

　　讓我們來看看電腦「唯一還下不過人類」的項目——圍棋（見圖 9-2），Google 人工智慧圍棋程式 AlphaGO 已經取得了突破。2016 年 3 月，阿爾法圍棋與圍棋世界冠軍、職業九段棋手李世石進行圍棋人機大戰，以 4 比 1 的總比分獲勝。

　　這是一個智慧時代的分水嶺般的事件。戰勝市場這件事，全世界的金融機構和基金都在做，他們有著更多的投入，更多的預算。

　　在大數據、雲端計算的發展趨勢下，將人的創造性和人工智慧的機械性結合，將會是未來交易技術發展的方向之一。人們會賦予人工智慧神經網路的演算法和底層的邏輯結構。這是人工智慧的優勢——機械、一致、可追溯。這也是我們在「正略」裡強調的，理想狀態下的最佳交易系統可能是無聊的、乏味的、機械的、有序的、單調的、無風險的。

　　在這裡，引用〈AlphaGo 是如何運作的〉一文。來增強我們對於系統交易和交易系統的理解。

　　論文闡述中最吸引我的一點是對於 AlphaGo 的系統工作原理的解讀，對於很多沒有電腦學科背景的交易者來說，這篇文章有很強的啟發性。

▶AlphaGo 的兩個網路大腦

　　AlphaGo 是透過兩個不同神經網路的「大腦」的合作來改進下棋的。這些網路大腦是多層神經網路，跟那些 Google 圖片搜尋引擎識別圖片的結構是相似的。它們從多層啟發式二維過濾器開始，去處理圍棋棋盤的定位，就像圖片分類器網路處理圖片一樣。經過過濾，13 個完全連線的神經網路層產生對它們看到的局面的判斷。這些層能進行分類和邏輯推理。

　　Policy Network（策略網路）和 Value network（價值網路），如圖 9-3 所示。

　　Policy Network（策略網路）── 落子選擇器（每一步的機率分析）。

　　Value Network（價值網路）── 棋局評估器（透過整體局面判斷來輔助落子選擇器）。

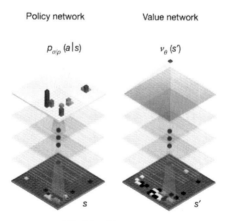

圖 9-3 Policy Network（策略網路）和 Value Network（價值網路）

　　這些神經網路透過反覆訓練來檢查結果，進行校對調整引數，以便下次執行更好。這個處理器有大量的隨機性元素，所以我們是不可能精確知道神經網路是如何「思考」的，但更多的訓練能讓它進化到更好。

　　第一大腦：落子選擇器

　　AlphaGo 的第一個神經網路大腦是「監督學習」的策略網路（Policy Network），它會觀察棋盤布局以便找到最佳的下一步（見圖 9-4）。事實上，它能預測每一個合法下一步的最佳機率，那麼最前面猜測的就是那個機率最高的。可以把它理解成「落子選擇器」。

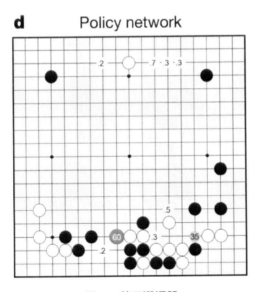

圖 9-4 落子選擇器

落子選擇器是怎麼看到棋盤的？數字表示最強人類選手會下在那些地方的可能性。

這裡的重點是這種落子選擇器不會去「讀」。它就是對棋盤位置進行簡單審視，再提出從那個位置分析出來的落子。它不會去模擬任何未來的走法。這展示了簡單的深度神經網路學習的力量。

如果每一步都需要去檢查幾千種落子可能性才能做決定，那麼就太慢了。因此越高的版本耗時越久。為了快速產生一個不錯的落子，Silver 團隊建立了簡單的落子選擇器，做出了「快速閱讀」的版本，他們稱之為「滾動網路」。簡單版本是不會看整個 19×19 的棋盤的，但會在對手之前下的和新下的棋子中進行考慮，觀察一個更小的視窗。去掉部分功能落子選擇器大腦會損失一些實力，但輕量級版本能夠比之前版本快 1,000 倍，這讓「閱讀結構」成了可能。

第二大腦：棋局評估器

AlphaGo 的第二個大腦是回答另一個問題的。

不是去猜測具體下一步，它是在給定棋子位置的情況下預測每一個棋手贏棋的可能性。這「棋局評估器」就是論文中提到的「價值網路（Value Network）」，透過整體局面判斷來輔助落子選擇器，如圖 9-5 所示。

這個判斷僅僅是大概的，但對於提高閱讀速度很有幫助。透過區分未來局面的「好」與「壞」，AlphaGo 能夠決定是否

透過特殊變種去深入閱讀。如果棋局評估器說這個特殊變種不行，那麼它就跳過閱讀這一條線上的任何更多落子。

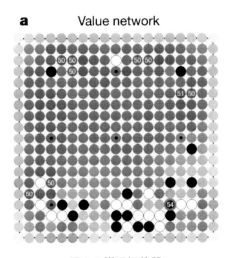

圖 9-5 棋局評估器

　　棋局評估器也透過百萬級別的棋局做訓練。落子選擇器高效建立大規模數據集去訓練棋局評估器是非常有價值的。這種落子選擇器讓大家去模擬繼續往下走的很多可能，從任意給定棋盤局面去猜測雙方贏棋的大致機率。

　　AlphaGo 是如何運作的，這是一個基礎的兩點，AlphaGo 使用簡單引數「混合相關係數」，將每一個猜測取權重透過使用棋局評估器和模擬化滾動去做平衡判斷，圍繞著機率和權重選擇最優的下一步。

　　在 Google 開放的線上圍棋中，所有可能的下一步，都給出了機率，只需要我們去選擇。

機率和風險回報率就是這樣的一對關係。每一次的新訂
單,都有對應的機率和風險回報率,對應著相應的資金管理
比例,現在我們達成了這樣的一個共識,下面的討論將變得
非常有意義。

總結起來就是:

每一步的行動價值。

每一步的先驗機率,如圖 9-6 所示。

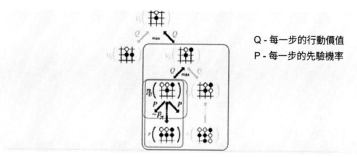

Q - 每一步的行動價值
P - 每一步的先驗機率

圖 9-6 每一步的行動價值和每一步的先驗機率

交易是一個機率遊戲,但我們的理解是,機率是指你的
這個交易動作,有多大的可能性獲勝。如果交易者的交易風
格屬於賭徒模式,在第一次依靠好運氣嘗到甜頭後,變本加
厲,錯誤地認為這種賭博模式才是交易的根本,那他最後會
死掉的。

為什麼賭徒最後都死了?因為他們在無休止地冒險。你
可以對 100 次,但只要第 101 次看錯,滿倉的結果也是破產。

機率與風險回報率

如果你的交易系統能夠達到賺 3 賠 1，那麼即便勝率只有 30%，也能夠獲得不錯的收益率。我們來計算一下：將 10 次交易作為一個週期，假設每次盈利為 3，虧損為 1，那麼常見結果如下。

10 次全虧，虧 10。

9 次虧，1 次對，虧 6。

8 次虧，2 次對，虧 2。

7 次虧，3 次對，賺 2（請注意，這就是 30% 勝率，賠率一賠三的情況）。

6 次虧，4 次對，賺 6。

5 次虧，5 次對，賺 10。

4 次虧，6 次對，賺 14。

3 次虧，7 次對，賺 18。

2 次虧，8 次對，賺 22。

1 次虧，9 次對，賺 26。

10 次全對，賺 30。

對於上面的這組數據，建議每一個讀者都去做一個圖表進行對比，雖然有些麻煩，但是手動做一篇圖表印象會更加深刻。

回到這組數據，你是不是發現了為什麼有些交易者經常虧損，但最後卻賺錢了呢。但要實現這樣的收益，除了要具備這樣一套能夠盈利的系統之外，還要做好資金管理，否則一旦虧損嚴重或者爆倉，再好的交易系統都會成為一句空話。

這就是勝率、風險回報率最直觀的解釋！

一個臨界點是獲勝機率是 30%，風險回報率為 1（虧損）:3（盈利）。

凱利公式

凱利公式是一個很著名的公式，主要用來在投資中確定最優的下注／投資額，最初用於 21 點、輪盤等遊戲。

人們對凱利公式有著不同的認識，對於一般的外匯交易者而言，凱利公式顯得太激進，而且測算過程很複雜，就算知道這樣的公式，也難以得出最後的結論，是否適合你的交易風格也需要評估。

但我認為凱利公式最有用的地方是可以指導我們設計交易系統。

凱利公式的精髓是風險控制，而不是收益最大化，從風險控制入手才能有效理解凱利公式。

　　對於交易的資金管理，我們要考慮獲勝的機率和失敗的機率，同時考慮盈虧比，最後推匯出需要開倉的資金，在機率偏向我們時加大下注／投資額。

　　它幫助我們進行風險與收益的平衡，選擇安全的優先收益。

　　下面就是凱利公式。

$$f^* = (bp - q)/b$$

　　其中，

　　f* 是開倉資金（投注額或風險資金等）占自己帳號總資金的比例。

　　b 是盈虧比，即平均盈利與虧損的比例。

　　p 是獲勝機率，q 等於 1 － p，是失敗機率。

　　透過換算，很容易得到凱利公式的另一種表示式：

$$Kelly\% = W - [(1-W)/R]$$

　　其中，Kelly % 就是上式中的 f*，W 就是 p，R 就是 b。

　　一個扔硬幣遊戲，反面輸掉賭注，正面贏 2 倍賭注，我們有 100 元，該如何下注？凱利公式其實解決的就是這個問題。

　　首先，每次下注是否應該一樣？如果不一樣，調整下注金額的依據又是什麼？這個問題其實很簡單，就是要想清楚是否可能依據某些已經發生的情況更精準預測下一次硬幣的

正反面，如果可以，那就應該在預測正面的時候加大賭注；如果不可以，那就應該保持賭注一致。下一次扔硬幣出現的正反面能預測嗎？不能。所以我們應該保持一樣的賭注。

接下來，該用多大的賭注呢？正常的硬幣長期出現正反面的機率無疑是 50%，而我們這個遊戲的盈虧比是 2:1，因此只要長期玩下去，一定是賺錢的，這也毫無疑問。那麼我們可以第一次就把全部 100 元下注嗎？顯然不可以。因為別說是 50% 的機率，就算是 99.9% 的機率，也有可能會輸，全部下注意味著可能會一擊斃命，非常不明智。那麼用 0.01 元，一分錢？可以連輸 10,000 次才會出局，絕對安全了吧？但是同等時間裡，賺錢的速度又太慢了，什麼都不做，扔硬幣扔到手抽筋，可能一年算下來還不如把錢存銀行拿利息。

於是凱利公式登場了。

$$Kelly\% = W - [(1 - W)/R]。這裡 W = 50\%，R = 2。$$

下注比例 = 50% − [(1 − 50%)/2] = 25%。很清楚，我們每次應該下注 25 元，它是風險和收益的平衡點，也就是說在未來的單位時間裡：

它能用合理的風險去賺取最大化的利潤。

在合理利潤預期下它的風險最小。

風險與利潤兩者在 25% 的投注比例上取得平衡。值得注意的是，平衡合理的風險不代表沒有風險！在這個硬幣遊戲中每次下注 25 元仍然有可能連輸 4 次！

　　它幫助我們進行風險與收益的平衡，選擇安全優先收益。

　　交易是關於數學和計算的，我們從系統交易體系的底層系統 —— 期望值和機率出發，透過三正維度去設計和評估，無論你設計哪一個交易系統，對於測試和除錯來說，期望值和機率都主導著系統的評價標準。一個交易系統是否擁有一個正向的期望值，直接影響著外匯交易的信心，因為你知道就算虧損產生，也是系統執行的正常結果。

　　數學是上天呈現真實世界的語言。因此，對於期望值和機率的認知，讓我們可以科學地選擇交易系統、執行交易計畫和評判交易結果。

第 10 章
成為交易贏家必須擺脫的三大觀念

什麼時候才會變成交易贏家？從破除障礙走向交易贏家的思維開始。

先天的基因傳承和後天的認知學習，形成了我們每一個人獨特的思維方式和價值觀，這是我們的底層「作業系統」。事實上，我們的行為是受這個底層「作業系統」的影響的。當我們感受到不愉快的情緒時，很有可能是隱藏在心中的某個觀念，引起的衝突感受，這種感受就是一種警覺。

本章列出影響交易思維的三大觀念：倖存者偏差、資訊偏差、陰謀論思維。請看圖 10-1，兩條不同長度的水平線，兩端有朝向不同方向的箭頭，這是我們看到的所有內容，而且我們肯定相信自己的眼睛，看起來下面一條線明顯比上面那條線長。

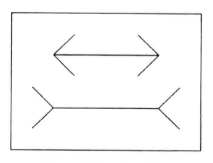

圖 10-1 繆勒 - 萊耶錯覺圖

但是，如果你曾經見過這幅圖，就會認出這便是那幅著名的繆勒－萊耶錯覺圖（Müller-Lyer illusion），要證實這一

錯覺很簡單，只需要找把尺量一量，你就會發現其實兩條水平線是等長的。

　　有時候我們的眼睛會讓我們不自覺地偏離客觀理性，這是特別要強調的部分。對於我們已知的偏差，可以透過科學方法進行糾正，但對未知的部分，我們需要建立贏家的思維觀念。

觀念一：倖存者偏差

　　倖存者偏差這一概念來源於第二次世界大戰時期（見圖10-2）。

　　第二次世界大戰時期，盟軍的戰機在戰爭中損毀相當嚴重。每次返航的戰機上面都布滿了彈孔，軍方認為需要對戰機進行更好的加固和保護。

　　但是應該加固哪些部分呢？

　　最初他們的想法是將裝甲附加到整個艦隊中最常被子彈擊中的地方，於是將返航飛機的受損情況統計好繪出一張示意圖。進行分析和研究後發現：機翼是整個飛機中最容易遭受攻擊的位置，機尾則是最少被攻擊的位置。

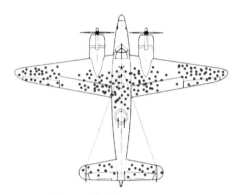

圖 10-2 倖存者偏差示意圖

按照原先的邏輯，那麼飛機的加固應該放在機翼部分。

美國哥倫比亞大學統計學亞伯拉罕·沃德（Abraham Wald）教授接受軍方邀請，運用他在統計方面的專業知識給出關於「飛機應該如何加強防護，才能降低被炮火擊落的機率」的建議。沃德教授的建議與軍方原來的想法完全相反，他給出的結論是「我們應該強化機尾的防護」。

沃德教授的結論依據主要是以下幾方面。

這次統計的樣本，僅僅涵蓋平安返回的轟炸機。

被很多次擊中機翼的轟炸機，似乎還是可以平安返航的。

而在機尾，彈孔較少的原因並不是真的不容易中彈，而是一旦中彈，其安全返回的可能性就微乎其微。

盟軍最終採取了教授的建議，並且後來證實該決策是完全正確的。

傾向於只關注獲勝者並追隨他們的腳步，而忽略那些嘗試與獲勝者走相同的路但失敗的人，甚至有些模仿聽起來很可笑。生活中存在許多倖存者偏差的狀況，但是只要你能意識到這個問題所在，穿破問題表面深入挖掘，就能了解到事情的真相，不被偏見蒙蔽。因為心理上的偏差，我們有時只盯著結果，而不去考慮相關因素和過程。

倖存者偏差是指，當取得資訊的管道，僅來自倖存者時（因為死人不會說話），此資訊可能會存在與實際情況不同的偏差。

此規律也適用於金融和商業領域。存活下來的企業往往被視為「傳奇」，它們的做法被爭相效仿。而其實有些也許只是因為偶然原因倖存下來了而已。

在日常生活中，最明顯的例子就是「我親戚吃這個藥好了」或者「我一個朋友去找了這個老中醫」。不管你的親戚和朋友與你關係如何好，如何值得信任和尊重，在客觀規律面前他們都是平等的。疾病和醫藥不會根據你的喜好來「對待」你的親朋。

如何應對呢？最簡單的辦法當然是讓「死人」說話。雙盲實驗設計和全面客觀的數據紀錄都是應對「倖存者偏差」的良方。所謂「兼聽則明」也是這個道理，拋掉對個案的迷信，全面系統地了解情況才能克服這個偏差。

我們往往只關注成功的一面，忽視了失敗的一面，成功

總是在失敗中總結出來的。

因為我們常常喜歡把優秀的一面展示給別人看，卻不會告訴他，我們曾經也失敗過。

因此，失敗的那一部分往往是沉默的，是不會被人提起的，而失敗的這一部分是需要我們去關注並深入分析失敗的真正原因的。只有找到失敗的真正原因，才能迎接成功的到來。

別迷戀那些贏家的表象，所謂成功的經驗可能就是一個事後回溯的過程，學習交易的過程其實就是發現和克服倖存者偏差的過程。

只看到表面發生的事情，就會忽視事情的本質，離真相也就越來越遠。

觀念二：資訊偏差

現在我們的資訊處境是，知道太多的事實，但還是看不清真相。

說近一點，最近 3 年，我們了解資訊的管道，已經不限於電視廣播，網際網路和社交媒體的內容傳播已經成為一種主流趨勢。

無論你是否意識到，現在我們看到的新聞，實際上已經

嚴重受限於各種社交媒體和基於演算法推播的新聞 App 了。剛開始，我們還自得其樂，那麼多的資訊自動推送到面前，可以像審批奏章一般，擁有主動權。但是不久，你會發現，那些刺激我們眼球、迎合我們情緒的東西太多了，系統自己記住了你的瀏覽紀錄。你的瀏覽時長，「知道」了你的愛好。你所看到的每一篇文章、每一個影片都是你喜歡的。於是，我們已經深陷於「資訊繭房」，像一隻蠶寶寶那樣，被緊緊地裹在自己吐的絲裡面。

如果你很頻繁地使用社交媒體，幾乎一兩天就會遇到一次「洗版」事件。我們是否意識到，長時間地沉浸在這樣的資訊裡，思維方式就會變得更加感性，非常缺乏理性思考。簡單來說就是，對一切事物的判斷都呈現出強烈的印象流特徵。

按理說，隨著網路的興起，資訊會更加透明，更能夠看清事實背後的真相。可為什麼並沒有這樣呢？資訊偏差是如何產生的？

▶ 1. 人腦善於處理少量事件

當資訊量突然變得特別大的時候，處理大量的資訊讓人腦處於一種印象狀態而非邏輯狀態，因此，人們辨別資訊真偽的能力並沒有因為資訊量巨大而得以提升。結果發現自己迷失在了資訊海洋，很多人原本還有點兒懷疑的精神，這會

兒直接「精神錯亂」了，不知道要相信哪一個了，就根據大腦的印象狀態來隨便定一個看法。這是大腦思考問題的一種快捷方式，就像面對一道困難的選擇題，一開始還是思考如何解答，等到最後腦袋混亂了，就隨便選了一個一樣。

▶ 2. 不再追求內容深度的內容創作者

對於事件的深度解剖讓位於追求傳遞資訊的速度，讓位於追求點選率、10 萬 +、誘餌式標題（clickbait，又稱釣魚式標題、標題黨）。當太多時間沉浸在低水準的、無須思考的內容時，人們的思考能力就漸漸退化，思考深度表層化，並將自己的思考交給了別人。於是我們就只是 10 萬 + 統計裡的一個點選而已。

▶ 3. 洗版是現在的內容追求

一篇文章不是在一個平臺上釋出，而是在很多平臺上釋出，一個熱門的流行，吸引了眾多的自媒體對同一事件的關注和內容創作，導致就算上網去查詢真偽，看到可能就是同一篇文章，報紙節錄採訪，影片節錄報紙，自媒體節錄影片。熟人傳播的熟人信任效應是產生資訊偏差的推手之一。如果說對陌生人人們還持有懷疑態度的話，那熟人也在轉發相同的內容總該相信吧？如果說很多熟人紛紛轉發呢？

現在的網際網路內容非常了解人性，追求即時的快樂，這是一件好事，也不一定是好事。我們了解的人類進化就是一個延時滿足的過程，春種、夏耘、秋收、冬藏就是一個進化的標誌，從耕種到吃到需要勞動，更要有等待，需要等待三四個月才能吃到，那些只想伸手就可以摘果子的人被進化淘汰了。可是，我們都知道延時滿足的好處，卻忍不住即時滿足的快樂，這就是這個時代的處境。如何專業地處理資訊就顯得尤為重要。

交易的水準展現了我們的認知水準。我認識的一些有很高認知水準的人，已經開始非常謹慎地對待這些資訊。他們會不斷地問：真相是這樣的嗎？會不會緊接著就會出現「反轉」，我被激發的情緒有道理嗎？這個道理的反面是不是也有道理？更重要的是，就算這些資訊都對，它真的是這個事件的全貌嗎？

我們該焦慮，還是該就事論事？這個問題交給每個人自己判斷。

這就是我們的處境：知道太多的事實，但還是看不清真相。我們需要知道這樣的偏差存在，就像在前言中表達的那樣：一個人的成熟，就是擁有兩個或兩個以上不同立場和觀點的想法和邏輯，還能正常生活的狀態。

觀念三：陰謀論思維

　　世界這麼大，而且非常複雜。一切超越人類認知的東西，都可以用「背後一定有陰謀」去解釋。這種傾向影響了很多人，從策略層面看，謀略和策略的價值是被誇大了的。

　　現在節錄一段這樣的歷史表述，我們就可以看到事實的不同層面的解讀。人們越來越多地相信陰謀論，會讓他們對真實歷史越來越無知。

　　因為這樣的先入為主的看法，阻礙了進一步了解事實真相的機會。

　　美國貨幣霸權陰謀論者經常拿日本的「廣場協定」舉例，只要是涉及美國霸權陰謀的書，幾乎必談廣場協定。

　　廣場協定簽訂於 1985 年 9 月。當時的日本也面臨結構性問題。巨大的貿易順差，累積的鉅額外匯儲備，對外淨債權達 1,300 億美元，國內熱錢洶湧，通膨持續。當時的美國也被鉅額貿易逆差所困擾。雖然在紐約廣場飯店開會的是 G5（五大國），但媒體和其他國家重點關照的是美日兩國動向。其實這次會議主要就是為了解決美日兩國的貿易失衡問題。可見的歷史細節顯示，主動召開廣場會議的是日本當時的首相（財政部長）竹下登。為了達到出其不意的目的，竹下登

和當時的日本央行行長在登機前都採取了偽裝措施，以避開媒體。

而且竹下登還精心挑選了時間，1985 年 9 月 22 日，週日，週一就是日本的秋分節，要休市。當協定公布後，首先開市的國家是德國，而日本是最後開市的國家，這讓事先毫無防備的德國人頗為惱火。在協定釋出後的記者招待會上，有記者提問：「日本為什麼會容忍日元升值？」竹下登回答：「因為我的名字叫『登』啊。」（「登」與「升」在日語中同音）。這也顯示出竹下登在會議中達到了他的預期目的 —— 希望日元升值。而日本讓日元升值的真實目的，和當時日本成為全球第二大經濟體之後，意欲推動日元國際化、提升日本在國際上的影響力、加快日本企業對外擴張並扭轉日本對外貿易依存度有關。事實也是，自此之後直至亞洲金融危機出現，推動日元國際化一直是日本對外貨幣政策的重要目標。總之，種種跡象顯示，真正在背後積極行動的，不是美國人，而是日本人自己。

事實上，當時美元已經經歷了五年左右的牛市，已經累積了泡沫，而且，市場已經出現頭部跡象，以美日匯率為例，1985 年 2 月起至廣場協定簽訂之前，美日匯率已經走在一個平緩的下降通道上。當年美日名義匯率是 201（簽訂協定前是 250），而按照購買力平價測算的合理匯率應是 108，也就是說，美日匯率嚴重高估。之所以簽訂廣場協定之後，

美元開始劇烈貶值，主要還是泡沫自身破裂的力量，廣場協定僅僅是扎破泡沫的那一針。這不是日本人的成功，更不是美國人的成功，而是市場規律使然。

歷史不止一次證明，以一國之力干預日交易量達幾十兆美元的外匯市場，往往失敗。若違逆市場想讓本幣升值，是肯定行不通的。若想讓本幣貶值，往往也只能短期奏效。持續干預，成本巨大，後果難料。日本制定推動日元升值的策略之後，自然需要美國方面大力配合。雖然簽訂協定後五國聯合干預外匯市場，市場確如日本算計的那樣，美元瘋狂貶值，而日本卻更願意相信這是他們連環計的成果，恰恰因其對市場的理解偏差，導致後來弄巧成拙。

陰謀論者和一部分對金融理解膚淺的市場人士認為，是日元的快速升值，導致日本商品出口競爭力下降和熱錢湧入，進而摧毀了日本經濟，造成失去的二十年。而歷史事實是，廣場協定簽訂後日元升值的相當長時間內，日本貿易順差繼續擴大。這主要是因為日本商品與美國及世界上其他國家的商品相比，不是同一類，相互可替代性小。真正威脅日本商品市場佔有率的，其實是後來的韓國商品，這是後話。另一個原因是，日本是原料資源貧乏、「兩頭在外」的經濟體，本幣升值導致進口原料的成本下降，而本幣升值導致的加工費（主要是人工成本和營運成本）上升，又被透過精細化管理壓了下去，再加上日元升值讓日本產業對外轉移的成

本更低，總之，最終日本化解了日元升值導致的出口商品競爭力危機。熱錢湧入確實加劇泡沫化，但這熱錢，主要也是由於不斷膨脹的鉅額貿易順差形成的外匯佔款帶來的貨幣投放。日本股市和日本房地產，一直到日本的債市，一直是個區域性市場而非全球性市場，主要參與資金還是本國資金。國內的貨幣投放的主動權，其實掌握在日本央行自己手裡。泡沫化趨勢和匯率關聯不大。

簽訂廣場協定後，1987 年 2 月 22 日由 G7 召開了羅浮宮會議，最後 G6（義大利退出）簽署了《羅浮宮協定》，目的之一在於穩定國際匯率市場。但這個協定在匯率尤其是美日匯率方面，沒有造成任何作用，到 1987 年年底，美日匯率進一步從 150 跌至 120。由於這是一分干預失敗的協定，只能說明市場力量的主導地位，所以陰謀論者往往對此忽略不提。

我們應該全面審視當時的情況。至 1987 年年底，日元兌美元升值 100%，德國馬克兌美元升值 101.27%，法國法郎兌美元升值 100.55%。但德國和法國都沒有因為簽署了廣場協定而搞垮了本國經濟，並且也未出現如日本的長期低速成長。不一樣的結局，是因為不一樣的政策。當日經指數年成長 30%，地價年成長 15%，而 GDP 年成長僅 5% 的時候，日本政府不是想著怎麼退燒，而是想著怎麼把 GDP 拉上去，因此，從 1986 年 1 月至 1987 年 2 月利率從 5% 降至 2.5%，

並長期維持催漲泡沫的低利率政策，以圖刺激經濟，直至
1989 年年底崩盤。而同期德國的貨幣政策以治理通膨為核
心，在出口恢復後即上調利率。

　　日本存在人為干預市場：在日元該升值的時候（累積大
量外匯儲備的時候）不升，導致結構性失衡；而升值以後
又以持續寬鬆政策刺激經濟，導致泡沫膨脹。一味強力干預
市場，手段又不合理，及至後來產業空心化、人口老齡化襲
來，日本喪失了經濟結構健康化的歷史時機。

　　但日本並未衰落。尤其是對外經濟影響力，現在的日本
遠超當年的日本。所以，無論是美國也好，日本也好，如果
不考慮日經指數、GDP 增幅這樣的區域性數據，而是考慮
國家的綜合實力，日本被「陰謀」了嗎？美元和日元貨幣對
1996 —— 2018 年的月 k 線圖如圖 10-3 所示。

圖 10-3 美元和日元貨幣對 1996 —— 2018 年的月 k 線圖

　　金融陰謀論，古有羅斯柴爾德家族（Rothschild）操控世界金融的說法，近有摩根家族操控世界金融的說法，現有高盛操控金融的說法。陰謀論者擅長把一些正常的事情誇張成陰謀。一個典型的案例：巴克萊（Barclays）銀行操縱 Libor 案發後，披露出來的情況也表明，國外投行的決策架構中對於一些具體的定價，一線交易人員才是真正的「主謀」。決策分散在各個部門和一線交易人員手中，為了獲得盡可能好的業績，每個業務人員都會按利益最大化原則來籤手中的協定。這種貪婪是金融危機的原因，而不存在一個運籌帷幄的主謀。

　　命運最終還是掌握在自己手中，如果自己錯了，誰都救不了。

　　對付陰謀論的最好辦法是，理性的人們保持冷靜，用符合邏輯的方法證偽這些理論。在陰謀論者企圖將自己打扮為嚴肅的真相追尋者時，我們可以嘲笑他們。否則，我們就會墮落成這樣：人們做重大決定的時候，依據的是偏執狂，而不是邏輯。

　　一般來講，較為直接和明顯的解釋，比陰謀論更能幫助我們理解真相。相信有黑暗力量在掌控我們的生活，並且已經掌控了幾百年，就像有人相信 UFO，相信水晶球，或者相信星座會影響人的命運一樣。

　　實際上，大規模的陰謀維護起來非常困難。大衛‧羅伯

特‧格萊姆斯博士（David Robert Grimes），透過建立數學模型研究陰謀論的可行性。一個陰謀若想維持 10 年不暴露，最多只能有 1,257 個人知情。而像「登月」這樣年代久遠的事件，如果至今仍是一個未被戳破的「騙局」，其知情者恐怕不能超過兩三百人 —— 然而，1965 年美國國家航空航天局的僱員就超過了 41 萬人。

按照研究者的模型，為了在特定時長內維持陰謀不敗露，陰謀知情者的人數有一定的上限（見圖 10-4）。

Table 4. Maximum number of conspirators to stay below threshold ($\mu \leqslant 0.05$).

Time frame	Maximum N_o
5 years	2531
10 years	1257
15 years	838
20 years	628
25 years	502
30 years	418
40 years	313
50 years	251
100 years	125

doi:10.1371/journal.pone.0147905.t004

圖 10-4 在特定時長內維持陰謀不敗露所需陰謀知情者的人數上限

一個趨勢的形成，需要能量和時間的累積，想要拐彎還要考慮原先執行的慣性，不是想拐就能拐的，也不是一個謀略就能夠改變的。就如進入冬天的標誌，並不是只要一場雨就能夠進入冬天一樣，那一場標誌進入冬天的雨之前，有著無數次的冷空氣、無數次的雨，冬天的雪不是說下就能下的。

　　現在我們可以看到：一個在我們認知世界中存在多年的地圖竟然是這樣的，我們知道很多事實，但卻並不知道真相。這是值得我們思考的，也是一個很有意義的探討，讓我們覺察到在我們的認知範圍內還存在著這樣或那樣的偏差。

　　相信我們的讀者有這樣的慧眼，能夠看清事實，明白真相。

第 11 章
交易贏家的理性思維以及感性思維

　　人是一個矛盾的綜合體，是一個複雜的動物，任何一個人都需要理性思維與感性思維並存。

　　我們認識到理性思維是由大腦的高等級模組參與合作的，是思維的高級形式，而感性認識是外在資訊刺激自己大腦的獎賞中樞的一種意願。

　　交易贏家不會因為交易需要理性認識就忽略感性認識的重要性，因為感性認識是人的一種本能的力量，恐懼就是這樣的一種感性的力量，本能的力量最具能量。

　　贏家的思維不是非黑即白的，而是理性思維與感性思維的融合。

敬畏之心

　　在一次內部交易比賽上，主持人讓我對外匯交易者提一個建議。我幾乎不假思索地提出「敬畏心，帶著敬畏心去交易」。然而這是最難以表達的部分，或許每一位交易者都會談到，常懷敬畏，心存敬畏，還會引用南宋大學者朱熹在《中庸注》中的話「君子之心，常存敬畏」，卻常常陷入「道理都懂，卻做不到」的苦惱處境中。

　　交易是勇敢者的遊戲，風險卻是交易者最不喜歡面對的。記得本書開篇就有〈外匯交易風險警示〉，試問，你看完了嗎？

▶ 外匯交易風險警示

在決定參與外匯交易以前，你應該謹慎考慮你的投資目標、經驗等級及風險承受能力。最重要的是，如無法承擔損失，請不要貿然投資。

任何外匯投資都具備相當的風險。任何涉及貨幣的交易都包含（但不限於）因政治及／或經濟因素產生變化而對匯率或貨幣流通造成巨大影響的風險。

此外，外匯交易的槓桿功能意味著一旦市場有變動，你的投資資本將受到相應的影響，贏虧均有可能。你有可能損失所有的初始投資，必須追加資金才能維持持倉頭寸。如果未能及時給帳號補款，持倉頭寸將被強制平倉，由此產生的損失必須由你自己承擔。你可以透過提前設定「止損」、「止贏」訂單來降低風險。

這裡有一個有趣的現象，敬畏是動態的，也是有週期的。如果把敬畏程度用 1 至 10 分去評分，1 分就是忘了敬畏是什麼；10 分是心懷敬畏。我們對於敬畏的態度也應是這樣的一個動態的過程。

是的，敬畏確實關乎做到，而不僅僅是知道。

敬畏不是講給別人聽的交易理念。我們要將敬畏分布到交易的各個環節，展現在敬畏的安全紅線和風險底線的設定中。

一看圖片的風格，就知道這是來自日本的交易者（見圖 11-1）。

圖 11-1 以「渡邊太太」的形象去描寫東京交易者的風格圖中的主要物品。

K 線圖：日本人發明的圖形，各種分析都會用到。

任天堂 FC 遊戲機（滿是灰塵），沒時間放鬆，從來就沒玩過。

介錯刀，以防爆倉的時候用。

不停敲擊的食指。不捨止損離場時養成的習慣。

桌上的手指錢，等待市場朝期望方向運動時按出的指印。

非常整齊的桌子，報紙、電腦、策略、交易紀錄都整齊地擺放。

這是一幅非常形象的漫畫，以「渡邊太太」的形象去描寫東京交易者的風格。

一把介錯刀。

對於敬畏的理解，不僅關乎帳號，更關乎生死。沒有足

夠的敬畏之心、警惕之心，就會喪失安全紅線和底線的意識。本書圍繞著「正人、正己、正略」，外匯市場的規則的設定，每一交易環節都沒有說敬畏，卻處處展現著敬畏。這是外匯交易中最容易讓人迷失的地方。

查理·蒙格（Charles Munger）先生曾經提出批評，認為一些投資人投資時熱衷於賭博，而不相信機率。

交易是一個勇敢者的遊戲，知道風險而不逃避，知道虧損而不恐懼，管理好風險才是上上之選。你會放大初始止損空間嗎？入場前，是否知道自己能夠承受多少**風險額度**，注意這裡談的不是風險，而是風險額度。一旦把風險量化、數位化，才能更容易理解風險。

「計劃你的交易，交易你的計畫」，就是對市場敬畏的表達方式。

無處不在的多巴胺

大多數時候，我們都在談論交易，你是否體驗過或者聽說過下面的現象。

我控制不住自己。

我知道但我做不到。

我知道我會懊悔的但還是做了。

當時我就腦袋一熱，真不知道當時我是怎麼想的。

你可知道，這可能並不是腦袋的錯，而恰恰是因為我們還不太了解我們自己的身體。本書的「正己」部分的重要組成內容 —— 認識我們的身體。這是沒有在「正人、正己、正略」中詳細披露的部分。

你有否想過，人為什麼會有思想，會有感覺，會對一些事物熱烈追求？這些行為有可能是我們身體內一些化學物質（大分子或小分子）在神經系統中的作用。神經系統包括中樞神經系統和周圍神經系統。

阿爾維德‧卡爾森（Arvid Carlsson）等三人就是因為研究這種化學物質而獲得諾貝爾獎的，他們研究的化學物質名叫「多巴胺」，它能影響每一個人對事物的歡愉感受。

在人腦中的諸多化學物質中，有一個名字脫穎而出受到了大家的關注 —— 多巴胺（見圖 11-2）。這個物質給了我們最甜蜜的幸福，同時也是它誘使人們產生最隱祕的渴望。從沒有哪種化學物質讓人類如此有愛又恨。

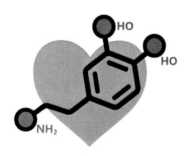

圖 11-2 多巴胺示意圖

　　多巴胺是神經元之間資訊傳遞的化學介質之一。它從前一個神經元中釋放，漂浮在兩個神經元突觸之間狹小的空隙中，然後多巴胺分子到達下一個神經元突觸的受體上，隨即啟動訊號在第二個神經元中的傳遞。人腦中所有複雜的訊號傳遞都是透過這種簡潔高效的方式來完成的。兩個神經元之間的資訊傳遞簡單明瞭，但當這種訊號傳遞從一個神經元擴充套件到大腦中巨大複雜的網路時，訊號活動就變得異常複雜了。多巴胺的來源有多種組合，使得這一物質能靈活變通，帶給人多種不同的感受。中腦的神經元物質多巴胺，直接影響人們的情緒。從理論上來看，增加這種物質，就能讓人興奮，但是它會令人上癮。

第 12 章
每日交易確認資訊的重要性

　　我自己從每日交易確認資訊中深深受益，所以也請你至少讀兩遍這段文字。

　　對於那些有目標，想成為更好的交易者的人來說，掌握這些知識，練習並利用它的力量可以改善你的交易和生活。

　　注意你的思想，因為它能決定你的言辭。

　　注意你的言辭，因為它能變成你的行為。

　　注意你的行為，因為它能變成你的習慣。

　　注意你的習慣，因為它能塑造你的性格。

　　注意你的性格，因為它能決定你的命運。

　　交易這件事本身就是成對存在的，上漲與下跌，做多與做空，交易與等待。在這裡，我列出關於交易的每日確認的內容，它可能將成為我開始交易以來最有價值的座右銘。有一段時間我把它掛在我的交易辦公室的牆上，我每天都大聲讀出來，在交易時，它會成為我自然的反應。現在，我強烈建議你這樣做。

　　你可以列出每日交易需要確認的資訊，將這些資訊納入你的交易計畫中，並且應該每天大聲朗讀。這樣做可以讓你有動力去實踐並形成正確的交易習慣和交易思維，在外匯交易成功的道路上順利前行。

每日交易確認，形成習慣

▶ 1. 相信未來，相信夢想

這個主題好像非常口號化，但這就是魅力所在，大部分人是因為看見而相信，而我們這些人，是因為相信所以看見。我們唯一擁有的，就是相信未來，相信夢想。這是我將它列為第一條的原因。交易之路是一條孤獨之路，我們可能會犯很多的錯誤，我們會經歷很多難以想像的壓力，交易著即將到來的未來，相信未來，相信夢想，給了我們永不放棄的信心。從你相信時開始擁有，從你懷疑時開始失去。

▶ 2. 我是一個成功的交易者

每天都重複說自己是一個成功的交易者。這是一個和自己潛意識對話的過程，它的輸入會讓你更有可能成為一個成功的交易者。如果你不相信自己是一個成功的交易者，或許你將永遠不會成為一個成功的交易者，就像生活中的任何其他東西一樣，你必須先相信你的目標，然後才能使它成為現實。

▶ 3. 我一直遵循我的交易計畫

　　你需要將外匯交易視為一項生意、一項業務，並且在遵循你的交易計畫時具有策略性和邏輯性，不要偏離。依據「正人、正己、正略」的三正系統交易思想去完善你的交易策略和制定你的交易計畫，使用經過驗證的交易策略和資金管理方法。當你執行交易計畫時，你的內心是安定的，不會被市場和帳號的波動亂了心神。

▶ 4. 「我有一本外匯交易日誌，使用它」

　　如果你有一本外匯交易日誌並且使用它，那麼你將遠遠領先於大多數交易者。交易日誌至關重要，從它這裡能獲得反映你的交易能力的切實證據。交易日誌也會給你一些責任感，並幫助你保持紀律。每次的交易、每日的交易、每週的交易、每月的交易，透過日誌記錄下來，形成你的專屬的交易上升路徑，不要小看這個習慣，持續記錄的收益遠遠大於你的想像。

做正確的交易

我們爭取將所有的交易都引向正確的方向。

▶ 1. 我實行適當的風險管理

交易成功是對一系列交易來說，而不是對一兩筆交易來說的。這意味著你不應該對任何一筆交易賦予過多的意義，沒有一筆交易是重要的，當然也不會有一筆定生死的驚心動魄。記得，每個持倉或持倉組合都只承受交易計畫範圍內的風險金額，你可以在夜間觀察你的交易，並且只持有能夠安穩睡覺的隔夜倉位。另外，虧損是外匯交易的一部分。

▶ 2. 根據市場表現進行交易，而不是個人觀點

我們需要知道，我們不是在和電腦做交易，我們是在和電腦背後的人做交易。我們只是市場的一分子，並沒有那麼重要，市場並不知道我們在做什麼！因此我們需要根據我們實際看到的東西進行交易，而不是根據我們「想」應該會發生什麼或者我們「想要」發生什麼進行交易。你想要市場做什麼並不重要，它會做它想做的事情，所以你的工作就是學習如何閱讀它的價格行為並利用它，而不是反對它。

▶ 3. 我只會接受風險回報比合理的交易

任何交易者或投資者的目標都應是確保自己交易的預期回報明顯超過所涉及的風險。你需要在進入交易之前衡量市場結構，評估潛在的收益和承受的風險，確保有合理的風險回報比期望，風險回報至少為 1:1，1:1.1，1:1.5 或 1:2 或更高都可以。不要小看這個 1.1，長期來看，它將影響你的交易策略的期望值。

▶ 4. 個人情緒不受利潤或損失影響

利潤和損失都有能力引發我們的情緒反應。損失可能導致我們想要在市場上「復仇」，並試圖「收回」我們剛剛失去的錢。利潤可能導致我們變得過於自信甚至興奮，這可能導致我們偏離交易計畫並進行交易回報比很低的交易。無論哪種方式，無論是贏還是輸，你都必須時刻警惕在交易結束後立即進行情緒管理。

做專業的事

▶ 1. 我不會過度交易，總是耐心等待交易機會

交易的精髓在於等待，不要只是因為你覺得你需要或者你想要交易就進行交易，真正的交易機會會在螢幕上向你招

手的。大多數交易者爆倉的原因是過度交易，無法控制自己。大多數交易者根本沒有足夠的耐心來交易外匯。我們應該像狙擊手一樣有耐心而不是像機槍手那樣。

等待、等待、等待。

▶ 2. 我是一名專業交易者

賭徒在賭場或其他地方隨意下注，沒有交易計畫的交易者也是賭徒。點選你的滑鼠並進行交易非常容易，但是，我們要做專業的交易者。

▶ 3. 我不會在沒有正當理由的情況下干涉我的交易

干預交易通常發生在過度冒險或過度交易後，這兩種情況都會導致你對任何一筆交易過度依賴，這反過來會導致你過度分析你的交易並在交易後干涉它們。有時候有正當理由干擾你的交易，市場可能出現反轉的訊號或者當初入場的理由已經被市場告訴不對了且還沒有到達初始止損位置。然而，這些情況很少見，我更關注的是你需要時間和精力來發展你的交易紀律，做到真正「有效地干預」你的交易。

▶ 4. 我很願意獲利，但我不會貪心

當你的止盈目標達到時，不要改變目標以試圖獲得「更多一點」利潤，試圖獲得「更多利潤」通常是徒勞的，擁有

這種想法的交易者通常會讓一個獲利的交易變成一個虧損的交易。擁有較小帳號的交易者尤其需要在達到策略上的止盈目標時，進行交易以獲得合理的利潤，建立他們的帳號和他們的信心。如果能獲得 1 到 1.5 或 1 到 2 的風險回報就可以交易。希望你的每一筆交易都是拋物線執行並對你有利，這是一個貪心的陷阱。

▶5. 我將持續投入交易學習和投資我自己

無論在那個領域，持續投資自己的學習都是至關重要的，一成不變只能成為古董了，外匯交易也不例外。我一直在說，世界上只有一條捷徑，那就是學習，持續的學習。我們向經典學，我們向市場學，關於交易，關於心靈，關於社會認知，關於家庭關係，關於經濟學，關於博弈學，關於心理學，每天學習一些東西能使自己成為更好的交易者。每一年的總結如果你都沒有發現自己過去一年的進步，那麼你就是原地踏步了。

▶6. 全心全意地相信我的交易策略

這對你的交易成功至關重要。全心全意的相信應該是建立在透過測試驗證的基礎上的，而不是盲目的自信，要使用經過驗證的資金管理技術和經過測試的交易系統。另外，你必須記住，一個止損的交易並不能否定整個交易策略這一事

實。不要因為你偶然的一些虧損交易而從一個策略或系統跳到另一個策略或系統，虧損交易是任何交易方式的自然組成部分。我們要正確地對待虧損並使用正確的策略進行交易。我將全心全意地相信我的交易策略。

　　我相信你已經從這一章中學到了一些東西，我希望你每天都把日常的確認資訊大聲讀出來。最終，它們將鞏固在你的思維中，並因此成為你的習慣。那時，你將不僅是一個成功的交易者，更是一個成功而自信的人。

第 13 章
不要時時刻刻惦記你的交易

　　談了這麼久的交易，讀了這麼厚的書，在書的最後竟然是「你應該忘了交易」！是的，下了單就忘記交易吧！這是我一直使用的方法。

　　「下了單就忘記交易」，這是一種交易方法。我不會常常把這個主題拿出來說，因為沒有前面這麼多的鋪墊，斷章取義，是無法理解這句話的全部資訊的。在交易進階之路上，我留在書的最後來闡述「忘記交易」方法的主要好處。

下單後就忘記交易吧

　　希望根據我的個人交易經歷，專注於「下了單就忘記交易」的方法能幫助你改善交易表現。很多時候，採用「下了單就忘記交易」的方法，會取得不俗的業績改善，希望閱讀本書的交易者能夠嘗試這個概念，希望下一個成功的資訊就是來自你。沒有什麼比聽到讀者的成功故事更讓我開心了。

　　「下了單就忘記交易」的交易方法發揮作用的關鍵原因就是它可以幫助你系統化你的交易流程 —— 交易機會評估、風險回報比、計算手數、設定止損和止盈。透過設定止損的空間可以讓市場自己走出來，而不會出於任意原因調整它。就這一點，簡直可以魔術般地使長期的交易表現得到改善。

　　現在其實你應該好奇了，「下了單就忘記交易」帶來的

心理優勢和益處,是否可以幫助更多的人採用並執行這種交易方式。

採用這個方法的前提在於:

依照系統交易的三正維度建立的交易策略。

能夠一致性地識別交易機會並按照資金管理執行的交易系統。

下了單,你就可以離開了!

這意味著你和市場會保持距離。這意味著走開,讓市場「好好工作」。這意味著讓自己遠離圖表觀察的誘惑,不會受到股票交易中所說的「洗盤」的影響。這也是我不建議在交易室裡設定電視機的原因。簡而言之,這意味著「下了單,你就可以離開了」!!相信系統交易的期望值,相信自己的交易系統。

你將獲得的心理優勢

透過了解「下了單就忘記交易」,你將獲得交易心理優勢,系統交易的三正維度的「正略」談的就是好的交易就應該是機械的、無趣的。

▶ **1. 減輕壓力**

交易可以像你希望的那樣有壓力或無壓力，這一切都取決於你的觀念。

如果你整夜盯著圖表，當你應該睡著的時候，你正在努力提高你的身體的壓力反應，你的皮質醇（壓力荷爾蒙）水準將在睡眠不足和過度思考中飆升，你可能需要咖啡因來提神。特別關注你的交易，特別是處於小帳號大手數的交易狀態時，情況會變得更糟。

可能你已經體驗過，你知道這將會損害你的交易表現，直到你感受更高的壓力水準。最終，你會感到疲倦、憤怒、沮喪，並且瀕臨流淚，留下一個空的交易帳號，被市場吞沒。

採用「下了單就忘記交易」的交易方法，你可以消除所有這些壓力，擔心和失去！現在你是否已經體會到壓力狀態下你的思維、你的身體、你的交易動作都出現了變形。如果要我推薦給你一個交易模式，那麼我會告訴你 —— 無壓力交易模式！對無數的股票、理財、基金、外匯的投資者／交易者，對其交易頻率和交易表現進行了觀察，無壓力交易者長期表現更好。

▶ **2. 做正確的事**

你聽說過積極強化嗎？當你從做正確的事情中獲得獎勵時，這將強化你所做的「正確的事」，以便你繼續這樣做。

它適用於孩子，它也適用於成年人，特別是在交易中。

當我們看圖表時，我們會被行情吸引，去做無益於交易結果的動作和可能導致虧錢的行為，所以不斷地檢視行情圖表，不想錯過任何行情是一種消極行為。你正在看行情圖表的時候感覺非常好，這是因為多巴胺 —— 你的大腦中的化學物質讓你從賺錢的「希望」中獲得的愉悅感。所以，你做出消極行為反而獲得了精神獎勵，並且你透過繼續這樣做來強化消極行為。因此，如同檢視手機螢幕一樣，交易者一遍一遍地檢視行情圖表，一遍又一遍地犯同樣的錯誤並且虧錢卻不知道原因。

但是，你可以阻止它，你可以逆轉它！透過利用「下了單就忘記交易」，你可以逐步地強化積極行為而不是消極行為，我們可以設定定時檢視手機。這將形成一個積極的回饋循環，在這種循環中，你從市場正確行為中看到的機會可以帶來利潤，利潤使你希望繼續這種積極的行為。這與在幾個月內堅持鍛鍊、堅持跑步、堅持健身的人沒有什麼不同，很快，改善的力量和能量水準開始強化一貫的鍛鍊行為。是的，一開始它可能像剛開始跑步後第二天的那個感覺一樣，甚至可能會有點痠痛，但請放心，這樣的痠痛對你有好處。

「下了單就忘記交易」確實是消除交易者幾乎所有負面交易行為的關鍵。你需要儘早實現這一點。

承受紀律約束的痛苦還是承受遭受虧損的痛苦，這是不

同的境地。這意味著，現在就受到紀律約束，得到回報，或者繼續採取懶惰和無紀律的行為，遭受後悔的痛苦。

睡眠品質是對交易品質的測試

睡眠，是人類不可缺少的生理現象，在人的一生中，睡眠占了三分之一的時間，睡眠的品質決定著生活的品質，對身體和心理都有至關重要的影響。因為你的止損和利潤目標是預先設定的，你就好好睡覺吧！拋開交易技術，好好睡覺是你對交易的終極測試！如果你因為惦記著自己的訂單而不斷地去檢視行情圖表而失去睡眠，因擔心或心裡的那些不安而熬夜，那麼你正在損害你的交易表現，你正在加強負面的交易習慣。

其實，「下了單就忘記交易」，意味著你的止損和利潤目標是預先設定的，因此，你知道你將會失去多少，以及你在交易中會贏得多少。我可以憑經驗告訴你，「下了單就忘記交易」這個交易技巧可以讓你在晚上更容易入睡，所以不要低估這個好處！

你知道嗎？當我們明確知道了自己將在交易中可能遭受的損失或獲得的營利時，它將大大有助於消除貪婪行為。貪婪是交易者失敗的一個重要原因。或許你自己就經歷過這種

情景，當訂單處於獲利狀態時，行情還在繼續發展，去修改止盈目標這個交易動作導致了交易持續時間過長，如果獲利了將會加強這個交易習慣。如果你沒有記錄交易日誌，你將不會記得你有多少次參與過大的交易卻沒有獲利，或從獲利轉為虧損。因為你沒有設定利潤目標，或者因為你從最初的設定中移動了你的利潤目標。這是貪婪的。貪婪會成為三正系統交易體系的漏洞，導致交易者失去紀律和系統的保護繩。

牛市賺錢，熊市賺錢，這是華爾街最古老的說法之一，它比任何其他聲音都響亮，至今仍然如此。

當你設定一個利潤目標並堅持下去時，你就不會貪婪。當你設定止損並堅持下去時，你可以預先將風險定義為你在心理上能承受的損失金額。當你正確調整風險回報率並且知道自己可能會失去什麼時，你就會認真執行「下了單就忘記交易」。當然，任何交易都不會有 100% 的確定結果，損失有時會超過止損。

鍛鍊執行紀律的心理肌肉

當你開始執行「下了單就忘記交易」時，你將開始一個自我強化的過程。使用它的時間越長，就越能體會到執行紀律、遵從系統的力量。

　　一旦你養成了「下了單就忘記交易」的交易習慣，你就會看到交易業績有所改善，從而對你自己和你正在做的事情產生巨大的信心。

　　這不是一門精確的科學，有時候交易會進行調整，但我們並不追求完美，懂得放棄控制結果和控制市場的「希望」，畢竟市場行情的發展並不會因為我們而發生改變。

對交易結果更好的信心

　　對於生意、交易甚至個人生活，信心是極其重要的。它有助於強化我們之前討論的那些積極的交易習慣。透過正確的交易行為，你不僅可以養成積極的交易習慣，而且可以培養自己的信心和堅持計劃的能力，這種信心可以幫助你，無論是工作、交易還是生活。正如我之前所說，這都是一個積極的回饋循環。

　　「下了單就忘記交易」，但不是「下了單就贏得交易」。這種事情不會一下子發生，它需要時間和經驗的累積。隨著時間的推移，你能夠執行依照系統交易的三正維度建立的交易策略並且能夠識別交易機會並按照資金管理的要求執行交易。掌握了這種交易方法，交易的結果會讓我們產生信心。事實上，就算一眼不眨地看著行情圖表，也沒有多大用處。

相反，這個交易方法讓你專注於你能控制的事情，而市場的運動是無法控制的。

當你克服了「下了單就忘記交易」的最初的「痛苦」或最初的「不安全感」並且開始看到積極的結果時，它會為你的持續進步提供動力。

這將為你提供成為交易者所需的意志力和紀律，讓你的交易生涯更加順利。

第 14 章
對於交易和生活的忠言

24 小時的市場執行機制，讓很多交易者失去了對交易和生活的控制。

「正己」是系統交易的三正維度中核心的一環，因此，照顧好自己和自己的交易是每一個合格交易者的首要任務。

本章將從睡眠、運動、社交等角度對你的生活提出要求。交易是為了更好的生活，交易不能完全占據你的生活。

如果因為交易而失去了生活，那麼交易就沒有了任何意義。

養足精神

睡眠是人體最好的恢復劑，成功始於適當的睡眠。成人每晚需要 7 至 8 小時的睡眠才能在第二天正常工作和學習，這可能與人體生理時鐘有關係。錯過了睡眠我們無法透過喝咖啡或任何其他方式進行「彌補」。睡眠不足將讓認知能力受損。

毋庸置疑，你很難長期堅持在睡眠不足時交易或分析市場並遵守你的交易計畫。確保正常交易的第一個也是最重要的方法就是每晚至少睡眠 7 個小時，精力充沛才能順利地執行交易計畫。

保持專注

　　記得前面章節所說的要堅持繪圖 1,000 張嗎？事實上，別說繪圖，即使隨意鍛鍊，每週 3 次，每次 1 小時，也難以堅持。

　　所以，我們才看到保持專注的意義，就個人體驗而言，好的習慣會讓我們在身體和精神上都感覺良好，這對於培養良好的交易習慣至關重要。而適量的運動，能夠讓我們保持亢奮、活力和警覺，有力量的感覺給了交易更多的安全感。

　　保持一致的鍛鍊可能很難，但我知道充滿活力和健康的感覺有多好。和交易一樣，入門通常是任何事情中最難的部分。現在，坐下來寫出一分生活中所有事情的清單，將學習和鍛鍊列為每天必須完成的事項。堅持 30 天，然後成為習慣，身體的回饋會讓你意想不到，它可以讓你保持專注，可以幫助你在夜間安然入睡，可以讓你每天在交易中保持思維的優勢。這些對於交易成功非常重要。

　　立即開始！

別成為交易癮君子

　　交易就像金融鴉片，特別是交易新手更容易陷入其中。我最不希望看到的是一個交易癮君子，理性、邏輯、系統才是交易成功的關鍵，我不希望你沉迷於交易，不不不，現在這個交易已經不能被稱為交易了。有的交易者除了交易已經提不起任何興趣，交易之外沒有任何生活的樂趣，沒有愛好、沒有社交。看一看你的周圍，你有多長時間沒有認識新朋友了，微信上有多長時間沒有加入新好友了。

　　交易是一種可以改善生活的方式，但它不應該是你的生活。為了在交易中取得成功，你需要具備生活圈子，這樣才能不對市場進行過度分析，並讓你感到快樂和自信。

　　如果你目前沒有任何愛好，那就找一些。做一些以前沒有做過的事情，或者加入一個健身房開始鍛鍊，和一群有活力的人在一起。即使你的愛好只是與你的家人閒逛，那也沒關係，或者乾脆去逛街，看看有哪些新創意、新店、新的活動，去看一場電影，總之，要有不一樣的生活體驗。

計劃你的交易

機會給予有準備的人，當你定下目標並準備好後，就可以計劃你的交易了。

你的交易應該開始於前一天或者前一晚，在新一週的交易開始前，你要計劃一週的關鍵圖表支撐位和阻力位，記下市場趨勢、你看到的潛在交易機會及其他任何事情，另外一點就是你需要像財經新聞那樣做出自己的「市場評論」。典型的評論是下面這樣的。昨天英鎊兌美元大漲2%，英國《泰晤士報》報導稱，英國首相已與歐盟達成協定，將在英國退歐後繼續讓英國金融服務公司進入歐洲市場。該資訊促使英鎊脫離本週稍早觸及的兩個半月低點，此前由於擔心明年能否有序退出歐盟，英鎊受到了衝擊，在英國央行週四宣布將維持利率不變後，英鎊的反彈也得到了提振。英鎊／美元站上1.30關口，漲幅達1.80%，觸及10月23日以來高位1.3014，較日低大漲逾250點。如果能夠這樣評論，你將會得到回報。第一，你將有一個持續的「故事」，說明市場在哪裡，它正在做什麼及它將來會做些什麼。第二，你的交易技術就不僅僅停留在技術指標分析那裡了。

市場是具體的，不是一串冰冷的數字。

愛上機械式的交易

　　理想狀態下的交易系統可能是單調乏味、機械有序的，但風險很小。然而，紀律、耐心、等待被大多數人認為是「無聊」或「沉悶」的，事實上它們根本不應被視為「無聊」和「沉悶」的，特別是在交易方面。你必須理解並接受這些東西是你在市場上賺錢的方式。把這段提煉出來就是理解並接受你在市場上賺錢的方式。一旦你用「在市場上賺錢的方式」這種觀點來看待它們，它們將對你有不同的意義。

　　交易者面臨的最大問題之一是，他們正在思考如何應對交易。他們認為，在市場中並且一直在積極地思考市場並吸收越來越多的市場資訊，將有助於他們實現持續的盈利能力。實際上，正如我在這裡解釋的那樣，事實並非如此。市場會告訴你它是什麼。當你改變的想法並同意這個建議時，你會發現遵守紀律、耐心、等待是一名成功交易者必備的素質。

　　如果你經歷過從簡單到複雜的過程，經歷過不斷尋找，經歷過不斷測試，經歷過不斷碰壁，那麼你會體會到這個「簡單化」建議真的能夠提升你的交易品質。

　　從簡單到複雜容易，但去蕪存菁，從複雜到簡單卻是不

容易的。去除圖表上的所有指標，只觀察交易的 K 線價格波動，並簡化你的交易辦公室，簡化你的交易過程。以簡單的方式進行交易，簡單的信念進行交易，需要非常高的智力和自我反思能力。

　　期望這 5 點對於交易和生活的忠告能夠給你帶來幫助，在外匯交易的掘金之路上如果還要留最後一句話並來結束這本書的話，我希望是這句話：

　　如果因為交易而失去了生活，那麼交易就沒有了任何意義！

　　祝你交易順利！

後記　豁然開朗

　　回首一路走來，是否還記得有多少次感嘆：哦，原來是這樣啊？是否還記得曾埋怨自己為什麼對行情總是視而不見？是否還記得突然領悟後的那種心曠神怡？是否還記得心上有多少傷痕留下？是否還記得多少次期盼：要是早知道就好了？「千金難買早知道」，或許只有傷痕纍纍才能讓自己明白，一次次的傷痕，一次次的體悟，一次次的累積，一次次的錯誤，一次次的止損都不是懲罰，而是一次次對自己的喚醒，然後突然豁然開朗，尋尋覓覓之後，發現原來一切都在這裡。

　　想起了一個印象深刻的上師開示。

　　夜，上師寮房，請教財富之道。

　　師不答，把燈關掉，一片漆黑。

　　師問：請問房間的東西少一樣沒有？

　　徒答：沒有！

　　師再問：它們在哪裡？看得見嗎？

　　徒答：看不見。

　　師說：看不見就等於沒有！

　　開燈，房間頓時明亮。

　　師問：房間的東西多一樣沒有？

徒答：沒有。

師說：燈亮，房間裡的一切都出現了，我們立刻擁有房間裡的一切。如果我們在黑暗中，抓到東西一定是碰巧的和有限的，而在光明中不用抓一切都有了。讓心靈從黑暗走向光明，就會發現「原來一切都在這裡！」這個「發現」的過程就是「財富之道」！

這是智慧的開示，交易的成長之路也是如此，在黑暗中摸索交易的代價多麼昂貴，當我們開了燈，原來一切都在那裡。

開燈，是發現交易本質，如撥雲見日，吹糠見米。

開燈，是交易成長的關鍵按鈕，讓交易豁然開朗。

開燈，是啟迪交易智慧，提升交易業績，享受交易人生的起點。

這一頁，向你奉上〈我相信〉。

交易路上，我們一起共勉！

〈我相信〉

懷疑所看到的是障礙

信心卻看到道路

懷疑所看到的是最黑暗的夜晚

信心卻看到白晝

懷疑拖著沉重的步伐

信心卻可以飛揚在高空

懷疑永遠在問：「誰相信？」

信心卻在回答：「我相信！」

恭喜！很高興能夠成為你進行交易和投資的助力，祝你交易順利！

電子書購買

爽讀 APP

國家圖書館出版品預行編目資料

交易之鋒，聽懂外匯交易：一本書解鎖所有技巧，
超越傳統觀念的策略與心理解碼 / 木欣榮 著 . --
第一版 . -- 臺北市：財經錢線文化事業有限公司，
2024.04
面；　公分
POD 版
ISBN 978-957-680-820-3(平裝)
1.CST: 外匯交易 2.CST: 外匯投資 3.CST: 投資技術
563.23　　113002974

交易之鋒，聽懂外匯交易：一本書解鎖所有技巧，超越傳統觀念的策略與心理解碼

臉書

作　　　者：木欣榮
發 行 人：黃振庭
出 版 者：財經錢線文化事業有限公司
發 行 者：財經錢線文化事業有限公司
E - m a i l：sonbookservice@gmail.com
粉 絲 頁：https://www.facebook.com/sonbookss/
網　　　址：https://sonbook.net/
地　　　址：台北市中正區重慶南路一段六十一號八樓 815 室
Rm. 815, 8F., No.61, Sec. 1, Chongqing S. Rd., Zhongzheng Dist., Taipei City 100,
Taiwan
電　　　話：(02) 2370-3310　　　傳　　真：(02) 2388-1990
印　　　刷：京峯數位服務有限公司
律師顧問：廣華律師事務所 張珮琦律師

定　　　價：399 元
發行日期：2024 年 04 月第一版
◎本書以 POD 印製